la cocina de eva

la cocina de eva

cocina con amor
para la familia y los amigos

eva longoria

CON MARAH STETS

VINTAGE ESPAÑOL

UNA DIVISIÓN DE RANDOM HOUSE, INC.

NUEVA YORK

PRIMERA EDICIÓN VINTAGE ESPAÑOL, ABRIL 2011

Vintage ISBN: 978-0-307-74163-9

Traducción de Omar Amador
Diseño del libro de Jennifer K. Beal Davis

www.grupodelectura.com

Impreso en China
10 9 8 7 6 5 4 3 2 1

ESTE LIBRO ESTÁ DEDICADO A MI

Tía Elsa

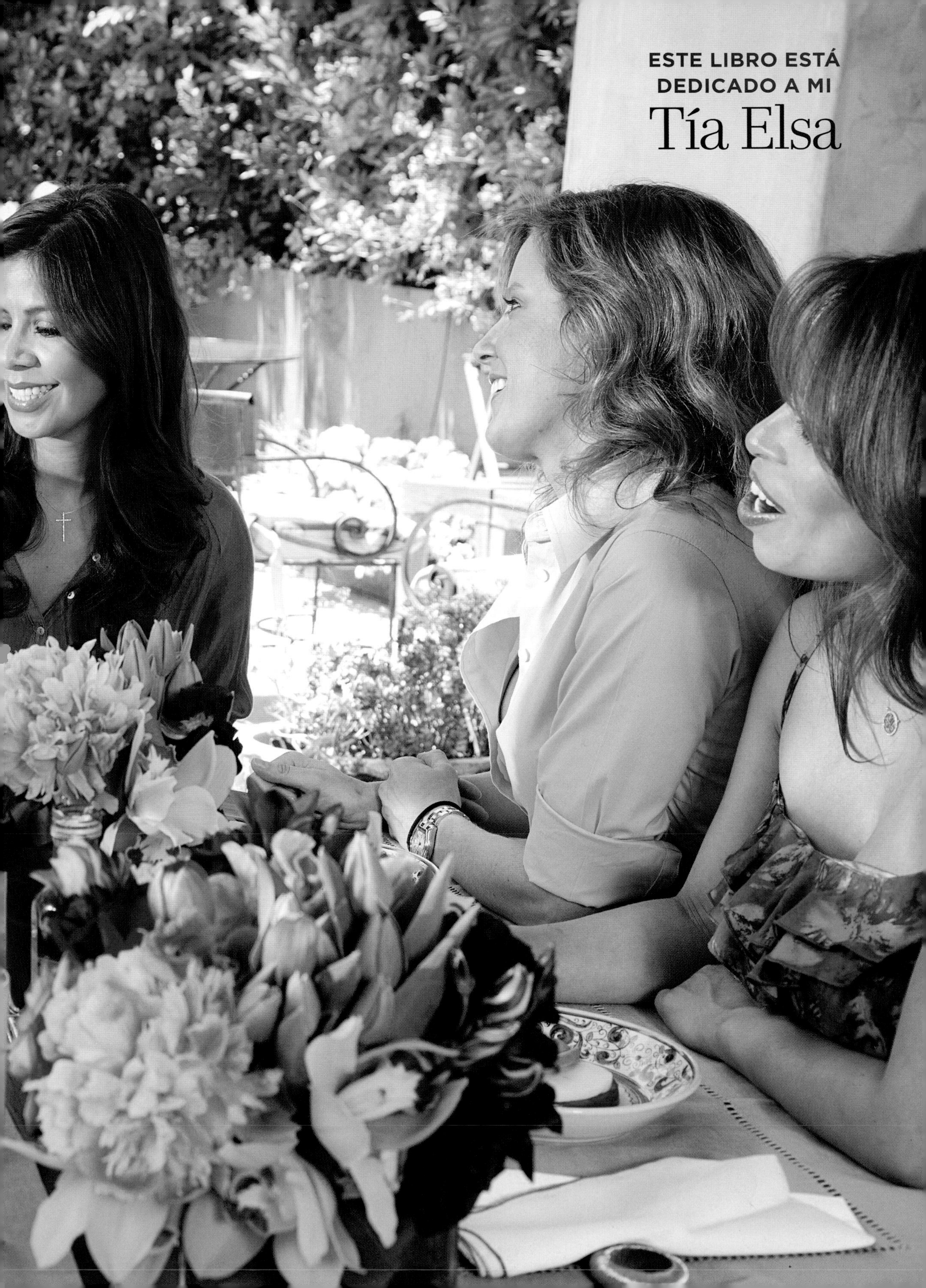

contenido

introducción

Mi amor por la cocina comenzó hace mucho tiempo, pero lo recuerdo perfectamente. Cuando tenía alrededor de seis años, mi mamá estaba saliendo para el trabajo temprano en la mañana y le dije que tenía hambre. "¡Pues cocínate algo!", me contestó. Recuerdo claramente que halé una silla hacia la estufa y la encendí con un fósforo. (Ya sé, peligroso, ¡pero eran tiempos diferentes!). Seleccioné la sartén más pequeña que encontré porque quería cocinarme un huevo. No huevos, sino sólo un huevo. Rompí el huevo en el borde de la sartén, como había visto hacer a mi mamá muchísimas veces, y lo eché en la sartén.

Por supuesto, la sartén se llenó de cáscara de huevo. No usé mantequilla ni aceite, así que el huevo se pegó por todos lados. Ahora no me acuerdo si sabía bien, pero sí recuerdo la satisfacción que sentí después de cocinar ese huevo. Me sentí realizada y llena de energía. Ese día me enamoré de la cocina.

¡Quería aprenderlo todo! Quería que mi hornito de juguete hiciera guisos como los de mi mamá. Quería que mi puesto de limonada ofreciera más sabores que limón. ¡Y para Navidad pedí mi propia batidora de mano! Al cabo del tiempo pasé de cocinar *un* huevo a asar carne y hacer mi propia salsa para espaguetis.

Tengo que agradecer a mi familia la inspiración que me dio para comenzar mi propia aventura culinaria. Mi papá jamás comía comida chatarra, así que a nosotros tampoco se nos permitía hacerlo. Y nunca se botaba nada. Crecí en un rancho en las afueras de Corpus Christi, Texas, donde cultivábamos nuestros propios vegetales y criábamos nuestros propios pollos. Todos los días, mi mamá cocinaba calabazas, zanahorias y frijoles sacados de nuestro huerto, y huevos acabaditos de poner. Siempre se usaba hasta el último resto de la cosecha, y cualquier sobra iba a la pila de desechos para el abono. Mi madre trabajaba tiempo completo como maestra de educación especial, se ocupaba de mi hermana mayor que tiene una discapacidad de desarrollo, y llevaba en el auto a sus otras tres hijas por todo el pueblo: a ensayos de porristas, prácticas de banda y otras actividades. Pero a pesar de eso, siempre se las arreglaba para tener la cena en la mesa a las seis. Esta fue una lección muy importante en mi vida. El hecho de que mi madre disfrutaba de cuidar a su familia además de tener su carrera me inspiró a ser igual que ella. En innumerables ocasiones me he encontrado vestida de Gucci y en tacones altos —peinada y maquillada, a punto de salir corriendo para un evento— mientras saco un pollo asado del horno para asegurarme de que mi familia coma antes de que yo abandone la casa para enfrentarme a cien fotógrafos en la alfombra roja.

Recuerdo haber cocinado un plato cubano todo el día (demora ocho horas) y luego llegar a un evento de alfombra roja donde un entrevistador me dijo: "¡Qué bien hueles, a comida!".

"Oh, es comino", le contesté, usando la palabra en español. "Estuve cocinando ropa vieja todo el día".

Me hizo reír, pero al mismo tiempo me recordó que la familia viene primero.

Y luego estaba Tía Elsa, que fue quien más influyó en mi amor por la cocina. Murió hace unos años y todavía la extraño. Tenía un servicio de *catering* y en su cocina siempre se estaba preparando comida para algún evento o fiesta. Ella me inspiró muchísimo, y era un pozo de información. Tenía un arsenal de recetas en la punta de la lengua. Y, al igual que mis padres, sabía cómo lograr que los ingredientes *duraran*. Ponías un pollo en manos de Elsa el lunes, y comías de él durante una semana entera; ella usaba la carne, los huesos, las alas, ¡todo! Como Elsa tenía un servicio de *catering*, había perfeccionado el arte de cocinar para muchas personas, así como de cocinar las bases de varios platos y congelarlas para usarlas más adelante. Por ejemplo, hacía los bizcochos más deliciosos añadiendo agua a una bola de dos galones de masa que mantenía en el congelador (les enseño esa receta en la pág. 177). Hacía esto con bases para chile, salsa de tomate, masa para galletas, refresco de frutas y tamales. Jamás medía, y de ese pecado yo también soy culpable. En realidad, como siempre uso "un puñado de esto y una pizca de aquello", ¡la parte más difícil de escribir este libro fue aprender a medir!

Creo que le debo a Elsa mi gusto por presentar bien la comida. Como todo lo que ella preparaba tenía que lucir tan bien como sabroso, Tía Elsa sabía como hacer resaltar el aspecto visual de un plato. Se valía de toques sencillos, como cortar las cortezas de los bocadillos para el té, y de decoraciones más complicadas, como servir ensalada de frutas dentro de una sandía ahuecada, de forma que el brillante rosado del interior relucía contra la vívida cáscara blanca y verde. Tengo que agradecerle (o culparla) por mi obsesión de coleccionar hermosos artículos de mesa, desde manteles hasta servilletas y tazones de todos los tamaños, incluido el tazón en forma de ají jalapeño que

compré en México ¡y en el que siempre sirvo pico de gallo para que la gente sepa que es picante!

Tía Elsa era la fuente de una interminable lista de consejitos, ideas, recetas y creencias acerca de la cocina que jamás he escuchado en ningún otro sitio. Todos los días me daba un consejo, y siempre lo hacía sin yo pedírselo. Eso es algo que adoraba de ella: me enseñaba cosas quisiera o no. Me decía: "Evita, nunca metas tomates en la nevera", o "Pon siempre las manzanas en la nevera", o "Evita, vira la tortilla sólo una vez en el comal". También era una fuente valiosísima de información práctica: "Usa una toalla de papel húmeda para recoger los pedacitos de vidrio roto". Yo absorbía como una esponja todo lo que Tía Elsa me decía, y en estas páginas lo comparto con ustedes. A lo largo de este libro, busquen sus consejos bajo la etiqueta de "De la cocina de Tía Elsa".

Estoy encantada de poder compartir en este libro mi pasión por la cocina y las recetas y consejos culinarios que mi familia ha usado durante décadas. He hurgado en las cajas de recetas familiares y personales que he atesorado durante mucho tiempo y les ofrezco aquí técnicas probadas por nuestra familia para hacer las tortillas, el arroz a la mexicana, el guacamole y el pan de polvo caseros mejores del mundo, por sólo mencionar algunos.

Esas son las comidas que constituyen la base de mi propia aventura culinaria, y fue solamente después de irme de mi casa que descubrí el inmenso mundo culinario que existe más allá de la rica cocina tejana y mexicana. También incluyo recetas que he creado y modificado a lo largo de los años que han recibido una influencia francesa, latinoamericana, italiana y de diversos estilos internacionales, así como de mi conciencia política y del medio ambiente. Mi estilo de cocinar ha sido influido por una amplia gama de cocinas fabulosas que he probado y por los chefs increíbles que he tenido el privilegio de conocer a lo largo de los años.

Una vez que me lancé en esta aventura culinaria, comencé a jugar con ingredientes para hallar formas novedosas, y a practicar más conscientemente los principios perdurables que me enseñaron en el rancho de mi familia y en nuestra cocina: tratar a todos los seres vivos con dignidad y respeto y no malgastar nada que la tierra te ha dado. Durante un año me hice vegetariana, tanto por mi salud como para contribuir un poco menos a la tensión que la producción de carne de res y de ave pone en la tierra y en la gente que vive en ella. Aunque ahora he vuelto a comer una dieta omnívora, sin duda aprendí algunas lecciones importantes —y excelentes recetas de vegetales y granos— durante mis días libres de carne (vean el capítulo Deliciosos Acompañantes en la pág. 121). Hoy como mucha menos carne que antes y soy cuidadosa con los tipos de carne de res, de ave y de pescado que compro.

En cuanto a productos agrícolas, esta conciencia se extiende a las personas que cultivan y cosechan nuestra comida. Abogo mucho por la defensa de los derechos de los trabajadores agrícolas porque me preocupa cómo se trata a las personas que se encargan de nuestra alimentación, los ciudadanos de la nación mejor alimentada del mundo. Estados Unidos es el productor agrícola más prolífico del planeta, y es gracias a la dura labor de estos trabajadores que podemos mantener ese estatus. Es sencillo ayudar: compra productos agrícolas orgánicos. Hasta comprar una cantidad mínima de productos agrícolas orgánicos significa apoyar a productores cuyos trabajadores no tienen que manejar e inhalar los poderosos pesticidas que usan las granjas típicas. Los trabajadores agrícolas no deberían estar expuestos a estas sustancias venenosas, y la realidad es que tú tampoco deberías ingerirlas. La organización sin fines lucrativos Grupo de Trabajo Medioambiental, o EWG, del inglés Environmental Working Group (ver Recursos, pág. 220) ofrece una lista de frutas y vegetales cultivados por métodos convencionales que tienen la mayor cantidad de pesticidas. A los peores de estos los llaman "la docena sucia". Incluso si decides comprar versiones orgánicas de sólo algunos de éstos, vas a lograr una diferencia. Podemos enviar mensajes efectivos a la gente que produce nuestra comida para hacerles saber dónde y cómo gastamos nuestro dinero, y por eso es que escojo cuidadosamente qué productores y métodos de producción apoyo. No es difícil —tan sólo chequea Recursos (pág. 220) para obtener información sobre EWG y otras organizaciones. Mientras más consumidores exijamos alimentos cultivados de una manera concienzuda, más baratos resultarán.

A fin de cuentas, hay pocos lugares en los que me gustaría estar más que en mi cocina. Casi nunca estoy sola allí; desde hace tiempo, mi cocina ha sido el sitio donde acuden tanto mis amigos como mi familia. Es un lugar que yo, de una manera benévola —o, si le preguntan a mi familia, a veces maniática— dirijo sola. (A menos,

por supuesto, que estemos cocinando enchiladas, que se hacen más rápido con muchas manos). Cada amigo o miembro de la familia que pasa por allí me pide uno u otro de mis platos. En realidad, mis dos restaurantes Beso, en Hollywood y Las Vegas, son un resultado directo de este fenómeno: cocinar con amor para la familia y los amigos. Siempre me ha encantado cocinar para las personas que quiero. Pero mi cocina no es tan inmensa,

así que lo lógico fue abrir un restaurante. (Primero pensé en abrir una verdadera taquería, pero cuando conocí al chef Todd English, y combinamos nuestras ideas y sensibilidades, surgió Beso). Y ahora he escrito este libro para compartir con ustedes la alegría que siento y la comida deliciosa que me gusta preparar cuando estoy en la cocina. Al igual que Tía Elsa lo hacía por mí, voy a comenzar con algunos consejitos.

mi despensa

SAL

Excepto los postres, uso sal gruesa y kosher para mis platos. Sus granos grandes se pegan bien a la comida sin que haya que empaparla en sal, así que incluso usando menos puedes obtener un buen saborcito salado. Uso sal de mesa más fina para hornear, cuando quiero que la sal se mezcle bien.

LIMONES Y LIMAS

Crecí rodeada de árboles de cítricos, y me encanta usar mucho limón y lima cuando cocino. Prefiero los limones pequeños que consigo cuando estoy en mis casas en Texas y California, así que verás a lo largo del libro que pido limones pequeños, de los que dan alrededor de dos cucharadas de jugo. Si tus limones son más grandes y dan más jugo, sencillamente usa menos limones. Te doy la cantidad de limones y la cantidad de jugo que necesitas en cada caso. De igual manera, las limas que uso dan dos cucharadas de jugo; repito, usa más o menos limas si las tuyas producen una cantidad distinta de jugo.

GRASA VEGETAL Y MANTEQUILLA

Muchos de los platos que comí y que cocinaba cuando era niña estaban hechos con manteca de cerdo o vegetal, dos tipos de grasa que no son tan populares ahora como lo eran antes. Aunque la manteca de cerdo produce un sabor incomparable y le da una textura de hojaldre a la corteza de los pasteles, yo ya no la uso. He adaptado algunas recetas, como la Torta volteada de piña de Tía Elsa, para hacerla con mantequilla, y sabe mejor. Por otra parte, todavía uso manteca vegetal en algunas recetas, como Pan de maíz (pág. 181), ya que la manteca brinda una textura más ligera que la mantequilla y realza el sabor puro de la deliciosa harina. Sin embargo, evito las grasas trans, de manera que no compro la grasa parcialmente hidrogenada que usaba cuando era niña. En su lugar, compro aceite de palma no hidrogenado, que está disponible en las tiendas de alimentos naturales y no contiene grasas trans.

VINAGRE, ESPECIAS Y CÓMO HACER QUE TODO LUZCA BONITO

Me encantan las comidas de sabor penetrante y picante, así que verás que uso ampliamente el vinagre, los cítricos y las especias. También pruebo constantemente la comida mientras cocino. Para este libro he creado recetas que funcionarán en cualquier cocina y que resultarán atractivas para muchos paladares. Pero te recomiendo que pruebes mientras cocinas y que decidas por ti misma/o si te gusta lo que estás preparando.

Como todas las comidas familiares de mi infancia estaban preparadas con lo que se cosechaba en nuestros campos, mi cocina hasta el presente se basa en ingredientes frescos y de temporada. Pero al igual que muchos de nosotros, estoy muy atareada, y por eso tengo una despensa bien provista y un buen suministro de recetas que pueden prepararse sin tener que salir al mercado. Todas mis recetas se basan en ingredientes llenos de sabor, pero fáciles de conseguir. Así que, por favor, da vuelta a la página y permíteme acompañarte. ¡Comencemos a cocinar!

aperitivos

Suelo decir que mi casa no es solamente mía. Cuando estoy en casa, me hace feliz compartirla con amigos y familiares, quienes vienen casi todos los días. No lo haría de otra forma. Con tanta actividad, sobre todo en la cocina, ¡a menudo sólo necesito algo rápido y delicioso para que me dejen tranquila mientras cocino el plato principal! Me encantan las recetas que puedo hacer con productos que siempre tengo en mi despensa. Cuando hay invitados que llegan por sorpresa o cocinar la cena se está demorando un poco más de lo que había planeado, puedo preparar un delicioso aperitivo en menos de cinco minutos. Por ejemplo, en mi despensa siempre hay latas de frijoles para hacer Frijoles cannellini con pimiento rojo triturado (pág. 23) o tortilla *chips* de manera que la gente tenga con qué servirse el amarguito Pico de gallo (pág. 20) o Guacamole espeso con pimientos serranos (pág. 19), mientras yo pongo toda mi atención en el plato principal. Otras veces no sirvo un plato principal sino que comemos unos cuantos aperitivos más sustanciales. Me encanta esta forma de comer en comunidad, donde cada persona prueba un poco de cada delicioso plato.

dip picante de alcachofa

guacamole espeso con pimientos serranos

pico de gallo

frijoles cannellini con pimiento rojo triturado

hormiguitas en el leño

camarones de normandía

cóctel de camarones de papá

aguacate relleno de camarones

ceviche

bolas de queso de cabra

tostones

empanadas de boniato

empanadas argentinas

dip picante de alcachofa

Me encanta servir este *dip* en reuniones ya que se puede preparar y poner en el horno mientras llegan tus invitados. Mientras guardas abrigos y sirves tragos, el *dip* se calienta y borbotea, y puedes llevarlo directamente desde el horno a la mesa para servirlo. Si tienes tiempo, prepara el *dip* en la procesadora de alimentos, colócalo en el plato de hornear, cúbrelo y guárdalo en el refrigerador toda la noche. Con el tiempo, los sabores se mezclan y se pone aun más sabroso. Si no tienes tiempo para eso, ¡no te preocupes! Este *dip* sigue siendo un maravilloso platillo, cremoso y penetrante, incluso cuando se prepara al último minuto.

RINDE UNAS 2 TAZAS

- 1 lata (14 oz.) de corazones de alcachofa, escurridos y cortados en pedacitos
- 1 tz. de mayonesa
- 1 tz. de queso parmesano rallado
- ½ cdta. de ajo en polvo

  Triángulos tostados (la receta a continuación) u otras galletas saladas, para servir

1. Precalienta el horno a 350° F.

2. Echa los corazones de alcachofa, la mayonesa, el queso parmesano y el ajo en polvo en un tazón mediano. Revuelve hasta mezclar todo bien. Pásalo al tazón de la procesadora de alimentos y procésalo hasta conseguir la textura que quieres.

3. Rocía ligeramente una pequeña bandeja de hornear con aceite en aerosol y pasa la mezcla a la bandeja. Hornéala hasta que esté caliente y burbujee, unos 20 minutos. Sírvelo caliente con triángulos tostados o galletas saladas.

triángulos tostados

Son fáciles de hacer. La páprika, o pimentón dulce, les da un agradable toque de color.

- 12 rebanadas de pan blanco para emparedados, del día anterior
- 4 cdas. (½ barra) de mantequilla sin sal, suavizada, o según se necesite

  Ajo o cebolla en polvo

  Páprika dulce

  Sal kosher (opcional)

1. Precalienta el horno a 300° F.

2. Extiende una fina capa de mantequilla sobre un lado de cada rebanada de pan. Espolvorea ligeramente con el ajo o la cebolla, la páprika, y la sal, si la usas. Corta cada rebanada en 4 triángulos y colócalos sobre una bandeja de hornear. Hornéalos hasta que estén ligeramente dorados y crujientes, 15 ó 20 minutos. Déjalos refrescar y sirve. Para conservarlos, coloca los triángulos en una bolsa o lata para guardar comidas y mantenlos a temperatura ambiente durante 2 a 3 días. Si es necesario, después de guardarlos puedes volverlos a hornear para que se pongan crujientes de nuevo.

guacamole espeso con pimientos serranos

Entre todos los platos que hago, éste es sin duda uno de los favoritos. Por eso preparo tanta cantidad: ¡nadie puede parar de comerlo! Tengo unos cuantos truquitos para darle a mi guacamole un excelente sabor y textura. En primer lugar, uso jugo de limón, no de lima. El limón tiene una ligera dulzura que hace resaltar todos los otros sabores. Algo esencial es que jamás ahorro limón ni sal kosher. A veces me río de que, en realidad, lo que hago es una limonada salada donde nadan el aguacate y los otros ingredientes. ¡Créanme, eso es lo que lo hace tan diferente! Los pimientos serranos le dan un gran sabor, mejor que el que le dan los jalapeños. Y por último, nunca revuelvas mientras añades cada ingrediente al tazón, porque si no el guacamole se aguará. Éste se ve especialmente bello si se sirve en un plato que destaque su verde, blanco y rojo, como puede ser un molcajete —un mortero mexicano— o un divertido tazón de brillantes colores. Sírvelo con tortilla *chips* para comer como aperitivo, o encima de un bistec, como hacemos con los Tacos de carne de falda untados con chile (pág. 102).

RINDE 8 TAZAS

- 6 aguacates maduros, cortados en cubos de ½ pulgada
- 4 tomates maduros medianos, cortados en cubos de ½ pulgada
- 1 cebolla blanca grande, finamente cortada
- ½ ramito de cilantro fresco, con las hojas picadas
- 1 pimiento serrano, picado en trocitos finos

  Jugo de 4 limones pequeños (aprox. 8 cdas.)

- 2 cdtas. de sal kosher o al gusto

1. Echa los aguacates, los tomates, la cebolla, el cilantro, los pimientos, el jugo de limón y la sal en un tazón grande. Revuelve suavemente hasta que todo se mezcle bien.

2. Pásalo a un tazón de servir y sírvelo.

DE LA COCINA DE TÍA ELSA

Para evitar que el guacamole se oscurezca, aprieta el hueso (o semilla) de uno de los aguacates contra el centro del plato. Quítalo antes de servir.

pico de gallo

A menudo vienen amigos a casa para compartir juegos de mesa, y se ha convertido en una tradición que yo sirva tazones repletos de pico de gallo y guacamole junto con una cesta grande de tortilla *chips.* El pico de gallo mejora con el tiempo y lo sirvo con *chips,* por supuesto, pero también con cualquier tipo de carne roja, con tacos o con huevos rancheros.

Para obtener una salsa más espesa, sólo hay que mezclar todos los ingredientes juntos sin batirlos, para no hacerlos puré. Cualquiera sea el tipo de textura que prefieras, la explosión de sabor que brinda esta salsa depende de usar tomates maduros de temporada y jugo de lima, nunca limón. Para conseguir una salsa más picante, deja alguna, o todas, las semillas de los pimientos serranos.

RINDE UNAS 3 TAZAS

- 2 tomates medianos, cortados en trocitos
- 1 cebolla blanca, cortada en pedacitos
- ½ ramito de cilantro fresco, con las hojas cortadas
- 2 pimientos serranos, sin el tallo, sin semillas y bien picaditos

  Jugo de 1 lima (unas 2 cdas.), o al gusto

  Sal kosher al gusto

  Tortilla *chips,* para servir

1. Pon los tomates, la cebolla, el cilantro, los pimientos serranos y el jugo de lima en el recipiente de una procesadora de alimentos o una mezcladora. Procesa hasta que la salsa tenga la consistencia que buscas. Prueba y añade más jugo de lima, si deseas, y sal.

2. Pasa la mezcla a un tazón pequeño y sirve con tortilla *chips.* El pico de gallo puede refrigerarse en un recipiente hermético durante una semana.

PIMIENTOS FRESCOS

Hay innumerables variedades de pimientos (también se les llama ajíes o chiles), y los aficionados pueden identificar las diferencias entre cada uno. Aquí solamente voy a resaltar algunos que se consiguen fácilmente y son siempre deliciosos. Los jalapeños y los pimientos *bell* y serranos son los tres ajíes frescos que uso más a menudo. (Ve a la pág. 96 para obtener información sobre los pimientos secos.)

Los pimientos *bell* vienen en un arco iris de colores, desde verde hasta rojo, amarillo, naranja y morado. Son crujientes y dulces, quedan muy bien en platos como el Pollo con pimentón a la húngara (pág. 84). Son también lo bastante grandes como para contener sabrosos rellenos, como en Pimientos verdes rellenos (pág. 116).

Los pimientos serranos tienen un genuino sabor a chile y un gusto picante fuerte, pero no excesivo. De aproximadamente dos pulgadas de largo, casi siempre son verdes, aunque a veces puedes encontrar rojos. Los serranos son inmensamente populares en la cocina mexicana y resultan esenciales en mi Guacamole espeso con pimientos serranos (pág. 19) y mi Pico de gallo.

Finalmente, los jalapeños verdes se pueden conseguir fácilmente. Pueden ser muy picantes y tienen un característico sabor herboso parecido al pimentón. Le dan al Maíz Veracruz (pág. 151) y al Pan de maíz (pág. 181) un color y sabor muy atractivos.

frijoles cannellini con pimiento rojo triturado

Probé por primera vez este plato en un restaurante en Florencia, Italia. Comí un bocado e inmediatamente le pregunté al mesero de qué exactamente estaba hecho. Cuando me lo dijo, tuve la misma reacción que he tenido tantas veces luego de probar algo delicioso en Europa: "¡¿Eso es todo?!" No sé si proviene de la sabiduría o de las limitaciones, o de ambos, pero los europeos pueden tomar los ingredientes más sencillos y sacarles los sabores más exquisitos. Probé este plato durante mi año de vegetariana, cuando vivía casi solamente de frijoles.

Si tienes a mano aceite de oliva con sabor a limón o hierbas —como el que se usa en la Ensalada de lechuga francesa con fresas (pág. 59)— úsalo para darle un sabor más intenso a este *dip*. De acuerdo a lo fuerte que sea el aceite con sabor, puede resultar excesivo si se usa solo, así que comienza con 1 cucharadita y prueba. Si crees que el sabor que le añade es suficiente, agrega las 2 cucharaditas restantes de aceite de oliva extra virgen.

RINDE UNAS 3 TAZAS

- 2 latas (de 19 oz.) de frijoles cannellini u otros frijoles blancos, enjuagados y bien escurridos
- 1 cda. de copos de pimiento rojo seco
- 3 cdtas. de aceite de oliva extra virgen
- Sal kosher al gusto
- Triángulos tostados (pág. 17) o galletas variadas, para servir

1. Echa los frijoles, los copos de pimiento rojo, el aceite de oliva y la sal a gusto en un tazón mediano de servir. Revuelve cuidadosamente para mezclarlos. Sírvelo con triángulos tostados o galletas saladas.

hormiguitas en el leño

Mi madre se recibió de maestra de educación especial debido a que mi hermana Elizabeth nació con una discapacidad mental. Mamá siempre buscaba recetas sencillas para que Elizabeth pudiera estar en la cocina con todas nosotras. Cuando le dije a Elizabeth que estaba escribiendo un libro de cocina, me preguntó si iba a incluir algunas de sus recetas. ¡Por supuesto!, le dije enseguida. Liza es una persona extraordinaria y me encanta cocinar con ella. Ésta es una merienda rápida y fácil de hacer para fiestas, sobre todo cuando hay niños, ¡aunque siempre sorprendo a unos cuantos adultos robándose leñitos en mis fiestas!

RINDE 16 LEÑITOS

8 tallos de apió

½ taza de mantequilla de maní cremosa o espesa

2 cdas. de pasas de uva

1. Corta los tallos de apio a la mitad. Llena los espacios cóncavos de los 16 tallos de apio (los leños) con mantequilla de maní. Coloca algunas pasas (las hormigas) en fila sobre la mantequilla de maní.

camarones de normandía

La clave de esta receta es usar mantequilla de Normandía, la región al norte de Francia, o alguna mantequilla europea, las cuales pueden conseguirse en supermercados o tiendas especializadas de alimentos. La mantequilla de Normandía contiene más grasa que la mantequilla producida en Estados Unidos y tiene un sabor maravilloso, sobre todo en una receta como ésta, que tiene sólo dos ingredientes principales: camarones suculentos y cremosa mantequilla.

RINDE 4 A 6 PORCIONES

- 4 cdas. de mantequilla de Normandía sin sal
- 1 lb. de camarones grandes (31 a 35 por lb.), pelados y sin venas
- 2 cdtas. de pimienta de cayena, o al gusto
- 1 pizca de sal kosher

1. Derrite la mantequilla en una sartén grande a fuego medio. Añade los camarones, la pimienta y la sal. Cocina durante unos 6 minutos, revolviendo suavemente de vez en cuando y dando la vuelta los camarones por lo menos una vez, hasta que se pongan de color rosa opaco o anaranjados, y bien cocinados.

2. Divide los camarones entre 4 a 6 platos pequeños. Vierte por encima el resto de la salsa de mantequilla y sirve.

ACERCA DE LOS CAMARONES: MEDIRLOS Y COCINARLOS

Dondequiera que pidas camarones para una receta, vas a ver números en paréntesis después del peso y el tamaño. La receta del cóctel de camarones de papá, por ejemplo, necesita "1 libra de camarones muy pequeños (31 a 35 por libra)". Los números en paréntesis indican la "cantidad", es decir más o menos cuántos camarones hay en 1 libra. Debido a que términos más generales, como "pequeño", "mediano", "grande" y "jumbo" pueden significar cosas diferentes según dónde estés, ésta es una indicación más segura del tamaño de camarón que yo uso cuando preparo la receta. A menudo está especificado en el paquete o en el mostrador de venta con un guioncito, como en "31-35". Puedes usar camarones de tamaño diferente si no consigues otros; sólo tienes que ajustar el tiempo de cocción.

Para las recetas que llevan camarones cocidos, coloca los camarones, sin pelar, en una cacerola grande de agua con sal. Cuando el agua hierva, baja el calor y cocínalos a fuego lento hasta que se pongan rosados, de 2 a 4 minutos para los camarones pequeños, y de 3 a 5 minutos para los grandes. Escurre y enjuágalos con agua fría. Cuando se hayan enfriado lo suficiente como para tocarlos, pélalos y quítales las venitas. Úsalos o cómelos enseguida, o refrigéralos por un máximo de 2 días.

cóctel de camarones de papá

Como crecí en el pueblo playero de Corpus Christi, pasé muchas horas juntando camarones y cangrejos y pescando junto a mi papá. Recuerdo que mamá me preguntaba con frecuencia: "¿Cómo creen que voy a cocinar todo esto?". Una manera de lidiar con eso era decirnos "pónganse a pelar", y colocar un par de enormes recipientes de camarones calientes sobre la mesa junto a platillos de salsa de cóctel con sabor a Tabasco. Mi papá, mis hermanas y yo nos quedábamos alegremente en la mesa hasta que no quedaran camarones en los recipientes.

En México tienen su propio método para hacer frente a la abundancia de camarones. No importa dónde vayas, vas a encontrar una variación de este aperitivo tradicional, que es uno de los platos favoritos de mi papá. ¡A él le gusta tanto el Tabasco que por lo general usa el doble de la cantidad que yo indico aquí! El camarón y el aguacate atenúan el picor de la fuerte salsa de cóctel. Aunque no te guste tan picante como a mi papá, debería tener un poco de picor. El cóctel de camarones mexicano se sirve casi siempre en pequeños platos individuales —a mí me gustan las copas de cóctel— y se come con cuchara.

RINDE 4 A 6 PORCIONES

- 1 tz. de *ketchup*
- Jugo de dos limones pequeños (¼ de tz. aprox.)
- 1 cda. de salsa de Tabasco
- 1 cda. de vinagre blanco destilado
- Sal kosher y pimienta negra molida al gusto
- 1 lb. de camarones muy pequeños (61 a 70 por lb.), pelados, sin venas, cocidos (pág. 25) y enfriados con agua
- 4 aguacates, sin hueso, pelados y cortados en cubitos
- Gajos de limón, para servir

1. Echa el *ketchup*, el jugo de limón, el Tabasco, el vinagre, la sal y la pimienta en un tazón pequeño. Revuelve hasta que se mezclen bien. Coloca los camarones y el aguacate en un tazón mediano. Vierte la salsa por encima y mezcla suavemente con una cuchara de madera o una espátula de goma hasta que los camarones y el aguacate estén bien cubiertos.

2. Cubre y refrigera durante 30 minutos. Divide en 4 a 6 copas y sirve.

aguacate relleno de camarones

Así como la receta anterior es genuinamente mexicana, ésta es típicamente estadounidense, hasta en el uso de Miracle Whip, que siempre he preferido a la mayonesa. El camarón, naturalmente dulce, se resalta con un aderezo cremoso, ligeramente dulce y suavemente ácido, y con aterciopelado y sabroso aguacate. Éste es uno de mis aperitivos favoritos de verano.

RINDE 8 PORCIONES

- 1 lb. de camarones pequeños (51 a 60 por lb.), pelados y sin venas, cocidos (pág. 25) y enfriados.
- 1 tomate mediano, sin semillas y cortado en pedacitos
- ½ cebolla blanca mediana, finamente cortada
- 1 a 2 cdas. de hojas de cilantro fresco picado
- ¼ de tz. de Miracle Whip o mayonesa
- Jugo de ½ lima (aprox. 1 cda.)
- Sal kosher y pimienta molida al gusto
- 4 aguacates maduros

1. Coloca los camarones, el tomate, la cebolla, el cilantro, el Miracle Whip y el jugo de limón en un tazón grande. Revuelve suavemente hasta mezclar todo bien. Añade sal y pimienta al gusto.

2. Corta los aguacates a lo largo por la mitad y quítales los huesos. Coloca la mitad de un aguacate en cada uno de ocho platos pequeños. Rellena cada mitad con una cucharada colmada de la ensalada de camarones y sirve.

ceviche

RINDE 30 PORCIONES

- 1 lb. de carne de cangrejo
- 2 lbs. de camarones pequeños (51 a 60 por lb.), pelados, sin venas, cocidos (pág. 25) y enfriados
- 4 aguacates maduros, sin hueso, pelados y cortados en cubitos de ½ pulgada
- 4 tomates medianos maduros, cortados en cubitos de ½ pulgada
- 2 pepinos medianos, pelados y cortados en cubitos de ½ pulgada
- 1 cebolla blanca grande, finamente cortada
- 1 pimiento serrano sin semillas y finamente cortado (opcional)
- 1 ramito de cilantro fresco, con las hojas cortadas
- ½ a 1 tz. de jugo de Clamato
- Jugo de 3 a 4 limones (6 a 8 cdas.)
- 1 cdta. de sal kosher, o al gusto
- Salsa picante de Cholula (opcional)
- Aprox. 30 tostadas

En los pueblos costeños de México, donde abundan los mariscos frescos, normalmente se comen el pescado y los moluscos sin cocinar. Pero yo no lo hago. Yo preparo ceviche con camarones y cangrejos cocidos. Sin embargo, lo sirvo en tostadas mexicanas tradicionales: tortillas de maíz crujientes y fritas que pueden comprarse en el mercado.

Usa cangrejos comprados en la sección de congelados. No uses los cangrejos que se venden en las estanterías junto a las latas de atún en conserva; el plato no va a saber tan rico como cuando se hace con cangrejo fresco. Los pimientos serranos aportan un fantástico sabor picante, pero puedes no usarlos. El jugo de Clamato es una combinación de jugos de tomate y almejas. Puede obtenerse en el mercado, junto a otras mezclas para cóctel. La salsa picante de Cholula se hace en México; tiene un sabor suave pero algo picoso. Se encuentra en el pasillo donde están otras salsas y condimentos picantes.

1. En una fuente honda, coloca el cangrejo, los camarones, los aguacates, los tomates, los pepinos, la cebolla, los pimientos serranos (si los usas), el cilantro, el jugo de Clamato, el jugo de lima, la sal y la salsa de Cholula (si la usas). Revuelve con un tenedor hasta que se mezclen ligeramente. Cubre y refrigera durante 30 minutos.

2. Para servir, presenta la fuente junto a una pila de tostadas y bastantes platos pequeños, de manera que los invitados puedan servirse ellos mismos.

bolas de queso de cabra

Cuando probé el queso de cabra por primera vez, no sentí amor al primer bocado. Pero al combinarlo con mis dos ingredientes favoritos —el limón y las migas de pan japonés llamadas *panko* (pág. 80)— ¡nacieron estos adictivos bocadillos! Son especialmente ricos en lugar de queso de cabra desmenuzado sobre espinaca *baby* con remolacha y queso de cabra (pág. 55).

Las bolas son asombrosamente fáciles de preparar, pero sumamente delicadas, así que tienes que tratarlas con cuidado. No omitas el paso de meterlas en el congelador; allí se ponen firmes y se pueden empanar y freír más fácilmente. Tampoco intentes manipularlas con pinzas. Usa un instrumento delgado y de asa larga como el llamado *spider* (un colador de acero inoxidable de mano) o una espumadera. Lee acerca de freír en aceite en la pág. 37.

RINDE UNAS 16 BOLAS

- 1 barrita de queso de cabra suave (11 oz.), a temperatura ambiente
- ¼ de tz. de hojas de perejil italiano fresco, finamente cortado
- Ralladura de cáscara de dos limones
- 1 a 2 huevos grandes
- 1 tz. de panko
- 2 tz. de aceite vegetal
- Sal kosher al gusto

1. Echa el queso de cabra, el perejil y la ralladura de limón en un tazón mediano. Usa el tenedor para partir el queso y combinar bien los ingredientes.

2. Con tus manos, haz bolitas del tamaño de bolas de ping-pong o un poco más pequeñas, y colócalas en una bandeja de hornear. Guárdalas en el congelador durante 20 minutos.

3. Mientras tanto, en un tazón pequeño, bate un huevo. Coloca el panko en un plato o tazón plano. Saca las bolas de queso del congelador. Remoja una bola de queso en el huevo y luego rebózala con panko. Colócala en una bandeja de hornear y repite esto con las bolas de queso restantes. Usa el otro huevo si es necesario.

4. En una sartén grande, calienta el aceite a fuego medio, hasta llegar a 350° F. Cubre una bandeja de hornear mediana con toallas de papel.

5. Suavemente, coloca varias bolas dentro del aceite y fríelas hasta que se pongan doraditas, de 30 a 40 segundos. Con cuidado, dalas la vuelta y fríelas hasta que se doren del otro lado, de 30 a 40 segundos. Pasa las bolas a la bandeja de hornear cubierta con toallas de papel y espolvoréalas ligeramente con sal. Repite esto con las bolas de queso restantes. Deja que se enfríen durante 5 minutos antes de servir.

tostones

Una de mis mejores amigas es del Caribe. Cada vez que voy a su casa, ya sea para chismear mientras tomamos una copa de vino o para una cena formal, ella sirve una gran bandeja de tostones salados y calentitos.

Para una comida auténticamente caribeña, sirve estos plátanos salados y crujientes como aperitivo antes de la Ropa vieja cubana (pág. 113). Pero asegúrate de que los plátanos no se doren la primera vez que los fríes; sólo es necesario ablandarlos de manera que se puedan aplastar más fácilmente antes de freírse por segunda vez. Para saber más sobre los plátanos, lee la pág. 153.

**RINDE UNOS
24 TOSTONES**

4 plátanos verdes

1 tz. de aceite vegetal, o según se necesite

Sal kosher al gusto

**DE LA COCINA
DE TÍA ELSA**
Para obtener el mejor sabor, échales sal en cuanto los acabes de freír por segunda vez y sírvelos calientes.

1. Usa un cuchillo afilado para cortar ambos extremos de cada plátano. Pasa la punta del cuchillo hacia abajo a lo largo del plátano 2 ó 3 veces, cortando la dura cáscara, pero sin cortar la masa del plátano. Quita la cáscara con las manos. Repítelo.

2. Corta los plátanos en rueditas de 1 pulgada de ancho. Deberías obtener unos 24 trozos en total.

3. Reviste una bandeja de hornear con toallas de papel. En una sartén grande, calienta el aceite a fuego medio hasta que se caliente, pero sin humear.

4. Pon los plátanos en el aceite, con la cara de las semillas hacia abajo. Cocínalos sólo hasta que se ablanden, unos 4 minutos; no esperes a que se oscurezcan. Dalos la vuelta y cocínalos por el otro lado. Pasa los trozos a la bandeja de hornear revestida de toallas de papel. Repite con el resto de los trozos.

5. Cuando todos los plátanos estén fritos y blandos, usa una prensa para tortillas (pág. 173) o la parte inferior de una lata grande para aplastar cada trozo y hacerlo una torta plana, de alrededor de ¼ de pulgada de grosor. Coloca nuevas toallas de papel sobre la bandeja de hornear.

6. Pon los trozos en el aceite caliente de nuevo, y fríelos hasta que estén crujientes y bien dorados, de 2 a 3 minutos por lado. Los plátanos menos maduros tardarán más en freírse. Pásalos a la bandeja recubierta con toallas de papel y échales sal inmediatamente por ambos lados. Cuando hayas frito todos los tostones, pásalos a una bandeja y sírvelos calientes.

empanadas de boniato

Las empanadas son un ejemplo por excelencia de la comida latina tradicional: técnicas perfeccionadas a lo largo de los años que pueden adaptarse según los productos disponibles en una región, o en el caso de Tía Elsa, en su despensa. Ella creaba las combinaciones más deliciosas de ingredientes con lo que parecía salido de la nada, y entonces preparaba y freía en un instante una docena de pastelillos rellenos. Cuando llegaba el Día de Acción de Gracias, la siguiente era nuestra versión del clásico pastel de calabaza estadounidense. Suaves, hojaldrados y ligeramente dulces, estos "pastelillos de calabaza mexicanos" son también unos deliciosos aperitivos.

RINDE 30 EMPANADAS

PARA LA MASA

- 4 tz. de harina para todo uso
- ¼ de tz. de azúcar
- 1 cdta. de sal de mesa
- 1¾ taza de manteca (*shortening*), a temperatura ambiente
- 1 huevo grande, ligeramente batido

PARA EL RELLENO

- 2 lb. de boniatos, pelados y cortados en trozos grandes (o 2 latas de boniatos de 15½ oz. cada una)
- 2 palitos (3 pulgadas) de canela
- ¼ a ½ tz. de azúcar, o al gusto

1. Para la masa: Echa la harina, la azúcar y la sal en un tazón grande, y bátelos hasta que se mezclen bien. Con las manos, amasa la grasa para integrarla a la mezcla de harina. La masa se desmenuzará fácilmente y lucirá como si fuera harina gruesa, y si aprietas un puñado con la mano se unirá, pero se desintegrará de nuevo cuando lo dejes caer en el tazón. Añade el huevo y ½ taza de agua, y luego mezcla con una cuchara de madera o con las manos. Forma un disco plano con la masa, envuélvelo con papel plástico, y refrigéralo durante 1 hora.

2. Para el relleno: Si usas boniatos frescos, ponlos en una cacerola grande con los palitos de canela y cúbrelos con agua fría. Cuece a fuego lento, sin tapar, hasta que se puedan pinchar fácilmente con un tenedor, alrededor de 15 minutos. Escúrrelos bien. Bota los palitos de canela. Déjalos reposar hasta que se enfríen.

3. Si usas boniatos de lata, colócalos en una cacerola grande con su jugo. Añade los palitos de canela y caliéntalos a fuego medio durante unos 10 minutos. Bota los palitos de canela. Déjalos reposar hasta que se enfríen.

4. Pasa los boniatos ya frescos al tazón de una procesadora de alimentos y mezcla en pulsiones de 1 segundo hasta que los boniatos estén aplastados, pero sin hacerse puré. Agrega la azúcar (los boniatos en lata tal vez ya estén azucarados).

5. Precalienta el horno a 350° F. Cubre una o dos bandejas de hornear con papel pergamino.

6. Forma con la masa 30 bolas del tamaño de pelotas de golf; mantén las bolas cubiertas con un paño húmedo. Sobre una superficie ligeramente enharinada, aplasta con un rodillo cada bola hasta formar círculos de 4 pulgadas. Rellena cada uno con 1 cucharada escasa del boniato. Dobla la masa sobre el relleno para formar un medio círculo y une los bordes pellizcándolos con los dedos. Pasa las empanadas a la bandeja de hornear ya preparada y cubre con un paño húmedo. Continúa hasta que todas las empanadas estén formadas.

7. Quita el paño y presiona los dientes de un tenedor alrededor del borde de cada empanada para hacerles un reborde. Hornea hasta que se doren, de 20 a 25 minutos. Deja reposar sobre la bandeja de hornear. Pásalas a una fuente y sírvelas calentitas.

FREÍR

Cuando se hace correctamente, freír en aceite produce una comida tierna y suave que es ligera y crujiente en su exterior. No es difícil de hacer, sobre todo si sigues algunas instrucciones importantes. Para comenzar, invierte en la compra de un termómetro de freír, y con ello no tendrás que andar adivinando acerca del aspecto más importante de freír: la temperatura del aceite. Si fríes en un aceite que no está lo suficientemente caliente, la comida quedará saturada; si está demasiado caliente, la comida se quemará por fuera antes de cocinarse por dentro. Para usar el termómetro de freír sólo tienes que engancharlo a un costado de la cacerola o sartén de manera que el bulbo del termómetro quede dentro del aceite, pero sin tocar el fondo. Vigila la temperatura del aceite mientras fríes y ajusta el fuego según sea necesario. En segundo lugar, usa una cacerola grande y honda, como un horno holandés (*Dutch oven*) o una sartén de lados rectos. Finalmente, un *spider* —básicamente un colador de mano— o una espumadera servirán para añadir y sacar comida del aceite caliente.

No llenes demasiado la cacerola. Mientras más alimentos fríos añadas, más rápido descenderá la temperatura del aceite y más blanduzco será el resultado. Fríe por grupos para mantener una temperatura uniforme, pero asegúrate de que la temperatura del aceite regrese a la temperatura indicada después de sacar una fritada y antes de añadir el próximo grupo. Luego, no escatimes en la cantidad de aceite. La comida que estás friendo necesita espacio para moverse sin quedar apretada dentro de la sartén. Finalmente, asegúrate de quitar los pedazos grandes de comida o de la cobertura que queden entre fritada y fritada. Pueden quemarse y darle otro sabor a la comida que fríes.

empanadas argentinas

Hasta que Lorena, mi amiga argentina, vino a mi casa un día y preparó estas empanadas conmigo, yo jamás habría pensado en combinar carne con aceitunas y clara de huevo. Pero cuando las probé, quedé fascinada. Cada bocado ofrece una atractiva combinación de sabores y texturas. El secreto está en usar un cubito de manchego, el queso español hecho de leche de oveja, escondido en el centro de cada empanada. Cuando se hornean o se fríen, el queso se derrite y añade una cremosidad delicada, y nadie imaginará de dónde proviene ese sabor tan rico.

   Los discos de masa pueden encontrarse en la sección de congelados del supermercado o en los mercados latinos. Están hechos de masa común para pasteles o masa de hojaldre; cualquiera de las dos funciona fantásticamente con esta receta. Estas empanadas quedan riquísimas cuando se fríen en aceite, pero también son deliciosas horneadas; más abajo están las instrucciones para ambos casos. Lee más sobre freír en la página 37.

RINDE 25 A 30 EMPANADAS

- 2 cdas. de aceite de oliva
- 1 cebolla blanca grande, cortada en pedacitos
- 2 dientes de ajo, bien picaditos
- 1½ lbs. de carne de res molida sin grasa
- 3 cdas. de páprika
- 2 cdas. de comino molido
- 1 cdta. de sal kosher o al gusto
- ½ cdta. de pimienta negra molida o al gusto
- 2 cdas. de vinagre blanco destilado
- ¾ tz. de aceitunas verdes españolas rellenas con pimientos, cortadas en pedacitos
- 3 claras de huevos duros, picadas
- 25 a 30 discos para empanadas descongelados

1. En una sartén grande, calienta el aceite a fuego medio. Añade la cebolla y el ajo y cocina hasta que queden translúcidos, unos 6 minutos. Echa la carne desmenuzada, y añade la páprika, el comino, la sal y la pimienta. Cocina, revolviendo con frecuencia, hasta que la carne se dore, alrededor de 10 minutos.

2. Escurre el exceso de grasa. Echa el vinagre. Pasa la carne a un tazón y refrigérala hasta que se enfríe bien, alrededor de 1 hora. Agrega las aceitunas y las claras de huevo duro. Si vas a hornear las empanadas, precalienta el horno a 425° F. Cubre dos bandejas de hornear con una capa de aceite vegetal.

3. Cubre todos los discos menos el que estás por rellenar, con un paño húmedo. Si los discos quedan un poco duros, colócalos, uno a la vez, sobre una superficie ligeramente enharinada y aplástalos con un rodillo hasta agrandarlos de ½ a 1 pulgadas más de tamaño, para poder doblarlos más fácilmente.

4. Para rellenarlos, coloca un disco de empanada sobre la superficie de trabajo. Pon alrededor de 1½ cucharada de la mezcla de carne en el centro de cada disco. Inserta un cubito de queso en el centro del relleno. Con un dedo, moja ligeramente con agua los bordes del disco y dóblalos para sellar la empanada. Presiona cuidadosamente los dientes de un tenedor alrededor del borde para hacerles un diseño plisado. Coloca la empanada sobre una bandeja de hornear y cúbrela con un paño húmedo. Repite con el resto del relleno y los discos de masa.

25 a 30 cubitos de queso manchego de ½ pulgada

Aceite vegetal para freír u hornear

5. Pinta las empanadas por encima con aceite vegetal y hornéalas hasta que se doren, de 15 a 18 minutos.

6. Si decides freír las empanadas, llena una sartén de ¾ pulgada de hondo con aceite vegetal y caliéntalo a fuego medio hasta llegar a 360° F. Precalienta el horno a 200° F. Reviste 2 bandejas de hornear con toallas de papel. Fríe las empanadas en el aceite hasta que se pongan doradas y crujientes, de 4 a 6 minutos, y dalas la vuelta una vez cada una. Sácalas con pinzas de cocina, dejando que el exceso de aceite se escurra en la sartén, y pásalas a las bandejas revestidas de toallas de papel. Mantenlas calentitas en el horno mientras que fríes el resto de las empanadas. Sírvelas calientes.

sopas y ensaladas

La sensación de calidez que evocan en mí las sopas de este capítulo no es puramente física —aunque no hay nada más cálido que un plato de sopa humeante en una fría noche tejana (¡sí, también las tenemos!). Siento tanta nostalgia cuando preparo y sirvo estas sopas vegetales, cuyo aroma y cuyo sabor delicioso ocultan la sencillez de prepararlas. Para mi mamá, la simplicidad era absolutamente esencial. Con cuatro hijas y un esposo que tenía que alimentar todos los días, siempre se preguntaba: "¿Cuán rápido podemos poner algo sabroso en la mesa?". En estos días, mi propia vida agitada a menudo me hace pensar de la misma manera, y es entonces cuando más aprecio estas sopas, llenas de sabor y asombrosamente rápidas de preparar. Además, la mayoría se pueden hacer vegetarianas con sólo usar caldo vegetal en lugar de caldo de pollo: una valiosa ventaja cuando tengo invitados que no comen carne.

Mis ensaladas favoritas, aquéllas que preparo una y otra vez, surgieron de experimentar con diferentes combinaciones de ingredientes y sabores. ¡De vez en cuando doy por casualidad con una combinación que anoto en un pedacito de papel para poder reproducirla después! Algo esencial que he aprendido con los años es que para las ensaladas verdes, lo verde es fundamental. Para mí, hay tres tipos de vegetales verdes que siempre dan buenos resultados. La tierna lechuga francesa (*butterhead lettuce*) es mi favorita, ya sea con un simple aderezo de aceite de oliva extra virgen y un poco de vinagre balsámico, o en la más compleja Ensalada de lechuga francesa con fresas (pág. 59). En el otro extremo, está la rúcula pimentosa, cuyo intenso sabor le hace un magnífico contrapunto al suculento camarón en Camarón a la parrilla con rúcula (pág. 52). Y entre esas dos está la tierna espinaca *baby*, que me encanta con Aderezo de suero de leche (pág. 161) o en la Espinaca *baby* con remolacha y queso de cabra (pág. 55).

---

sopa de calabaza

sopa de tortilla

sopa de calabaza de verano con limón

sopa de zanahoria y jengibre

sopa de orzo con limón

camarones a la parrilla con rúcula

espinaca *baby* con remolacha y queso de cabra

ensalada de pasta rotini

ensalada de corazones de palmito

ensalada de lechuga francesa con fresas

caprese a la mexicana

ensalada de maíz y calabacín

espárragos con aderezo francés blanco al estilo grey moss inn

sopa de calabaza

Esta sopa es suave como el terciopelo y tiene la calidez y ese matiz naranja del otoño que siempre se ve precioso en el plato. La crema le da cuerpo, pero puedes evitarla si quieres una sopa más ligera pero sumamente satisfactoria.

RINDE 4 A 6 PORCIONES

- ½ barra de mantequilla (4 cdas.) sin sal
- ½ tz. de cebolla amarilla, cortada en pedacitos
- 2 dientes de ajo, bien picaditos
- ½ cdta. de sal kosher
- 6 tz. de calabaza *butternut squash*, pelada y cortada en cubitos (de una calabaza de unas 2 lbs.)
- 5 tz. de Caldo de pollo (pág. 51), Caldo vegetal (pág. 49) o caldo de pollo comprado y bajo en sodio
- ½ cdta. de hojas de tomillo fresco, cortado en pedacitos (opcional)
- ¼ cdta. de pimienta negra molida
- 1 tz. de crema para batir (opcional)

1. Derrite la mantequilla a fuego medio en un horno holandés (*Dutch oven*) o una cacerola grande. Agrega la cebolla, el ajo y una pizca de la sal y cocina, revolviendo de vez en cuando, hasta que la mezcla se suavice y esté traslúcida, unos 6 minutos. Agrega la calabaza y revuelve para cubrir bien con la mantequilla. Cocina hasta que se suavice, unos 5 minutos. Agrega el caldo de pollo, el tomillo, si lo usas, el resto de la sal y la pimienta. Espera a que hierva, y entonces reduce el calor y déjalo cocinar, cubierto en parte, hasta que la calabaza esté bien blanda, unos 12 minutos.

2. Vierte la sopa en porciones en el tazón de una procesadora de alimentos y procesa hasta hacer un puré bien suave.

3. Regresa la sopa a la cacerola y echa la crema, si la usas. Prueba y ajusta los condimentos.

4. Caliéntala, pero no dejes que hierva, porque así la crema puede cuajarse. Con un cucharón, echa la sopa en 4 a 6 tazones y sírvela caliente.

DE LA COCINA DE TÍA ELSA

Siempre que la cáscara no tenga cortes, la calabaza del tipo *butternut squash* y otras calabazas de invierno durarán de 2 a 3 meses guardadas en un sitio fresco y seco. Así que la próxima vez que las veas en el mercado de agricultores, ¡cómpralas y guárdalas!

sopa de tortilla

Mis amigos me piden esta receta más que cualquier otra. A menudo me preguntan si es una receta familiar, y siempre parecen sorprenderse cuando digo que la descubrí en una revista cuando tenía doce años. Después de prepararla muchísimas veces, se ha convertido en lo que es hoy. Creo que es deliciosa —¡y popular!— gracias a su caldo clarito pero lleno de sabor. Con mucha frecuencia la sopa de tortilla es espesa, pero ésta es sustanciosa sin ser demasiado pesada.

De hecho, cocino bastante cantidad debido a que a todo el mundo le gusta repetir una o dos veces más. En las pocas ocasiones en que me ha sobrado, he descubierto que esta sopa se conserva bastante bien, e incluso se pone mejor, refrigerada en un recipiente bien cerrado. Los ingredientes se mantienen bien guardados en bolsas de tipo *zip-lock*; mantén las tiras fritas de tortilla a temperatura ambiente y todo lo demás en el refrigerador. Si la sirves al día siguiente, sólo tienes que colocar los ingredientes en el fondo del tazón y echar la sopa encima.

Yo uso dos tipos de pimientos secos —ancho y pasilla— debido a que le dan un sabor ahumado a la salsa. Usa más o menos pimientos, de acuerdo a cuán picante quieras que quede. Para saber más acerca de los pimientos secos, mira la página 96.

RINDE 14 A 16 PORCIONES

- 4 lbs. de piernas de pollo
- 4 lbs. de muslos de pollo
- 12 tz. de Caldo de pollo (pág. 51), caldo de pollo comprado bajo en sodio, o agua fría
- 4 pimientos pasilla secos
- 4 pimientos ancho secos
- 6 tomates, cortados en pedacitos
- 1 cebolla blanca grande, cortada en cubitos pequeños
- 6 dientes de ajo grandes, pelados
- 2 cdtas. de sal kosher, o al gusto
- 2 ramitos grandes de cilantro fresco, con las hojas cortadas

1. En una cacerola grande, coloca las piernas y los muslos de pollo con el caldo o el agua fría. Ponlo a hervir a fuego medio. Reduce el calor y déjalo cocinar a fuego lento hasta que todo el pollo se oscurezca un poco y se sienta blando cuando lo pinchas con un tenedor, alrededor de unos 30 minutos. Con una espumadera saca el pollo de la cacerola y ponlo aparte. Deja la cacerola con el caldo a refrescar. Tan pronto el pollo se enfríe lo suficiente como para manipularlo, desmenuza la carne; desecha el pellejo y los huesos.

2. Mientras tanto, echa los pimientos pasilla y ancho en una olla y añade agua fría hasta cubrirlos. Pon el agua a hervir a fuego medio. Reduce el calor y cocínalos a fuego lento hasta que los pimientos se ablanden, unos 10 minutos. Escurre los pimientos y quítales los tallos y las venitas. Si quieres que quede más picante, deja las semillitas; si no, quítalas.

3. Echa los chiles, los tomates, la cebolla, el ajo y la sal en el tazón de batir de una procesadora de alimentos. Procesa hasta que la mezcla quede suave, y añade ½ taza del caldo de pollo que has separado, para aligerarla si está demasiado espesa.

(la receta continúa)

1 tz. de aceite vegetal,
más si es necesario

36 tortillas de maíz,
blanco o amarillo,
rebanadas en tiras de
¼ de pulgada de ancho

1 cabeza de lechuga
repollada (*iceberg
lettuce*), sin el centro
y cortada en tiritas

6 aguacates grandes, sin
hueso, descascarados
y cortados en cubitos

3 tz. de queso fresco
desmenuzado o rallado
(unas 12 oz.)

4. Añade al caldo el puré de chile y la mitad del cilantro. Hierve a fuego lento durante 20 a 30 minutos. Prueba una cucharada y agrega sal si es necesario. Añade el pollo reservado y el cilantro restante y saca la cacerola del fuego.

5. Mientras el caldo se calienta, recubre una bandeja de hornear o un plato grande con toallas de papel. En una sartén grande, calienta el aceite a fuego medio hasta que esté caliente, pero sin humear. Añade un puñado o dos de tiras de tortilla —pueden tocarse, pero no amontonarse— y fríelas sólo hasta que se doren ligeramente por los bordes, unos 45 segundos. Usa pinzas de cocina para sacar las tiras y pasarlas a la toalla de papel, sacudiéndolas de manera que se retuerzan y endurezcan al refrescar. Sigue cocinando en puñados hasta freír todas las tiras de tortilla, añadiendo más aceite a la sartén si es necesario.

6. Cuando la sopa esté lista, coloca la lechuga, el aguacate y el queso fresco en tazones separados para facilitar servir.

7. Para servir cada porción, coloca unas cuantas tiras de tortilla y un cucharón de lechuga en un tazón. Añade la sopa. Corona con una cucharada de aguacate, espolvorea queso fresco por encima y sirve.

sopa de calabaza de verano con limón

Cuando era niña, sembrábamos nuestros propios vegetales, sobre todo calabaza. MUCHÍSIMAS calabazas. Para ser sincera, ya yo estaba aburrida de ellas (no te preocupes —mi mamá ya lo sabe). Luego, de grande, inventé algunos métodos seguros para resaltar el delicioso sabor y la dulzura de la calabaza de verano. Esta sopa resultó; el limón le da un amargor fantástico y la sopa es bien cremosa, aunque no tiene ni una pizca de crema ni de leche.

Asegúrate de procesar y hacer puré esta sopa por partes, No viertas sopa por encima del nivel superior de la cuchilla de la procesadora: esta sopa es caldosa, y se saldrá del tazón de procesar y se derramará sobre la encimera si no tienes cuidado.

RINDE 6 A 8 PORCIONES

- 3 cdas. de aceite de oliva extra virgen
- 3 puerros medianos (las partes blanca y verde clara), finamente cortados
- 2 cebollas amarillas medianas, finamente cortadas
- 6 dientes de ajo, bien picaditos
- Sal kosher al gusto
- 6 calabazas de verano (*yellow squash*) medianas, en trozos
- 4 ramitos de tomillo fresco
- 6 tz. de Caldo de pollo (pág. 51), Caldo vegetal (pág. 49) o caldo de pollo comprado y bajo en sodio.
- Jugo de 1 limón pequeño (unas 2 cdas.), o al gusto

1. En una cacerola grande para sopa u horno holandés (*Dutch oven*), calienta el aceite a fuego medio. Echa los puerros, las cebollas, el ajo y una pizca de sal, y cocina, revolviendo de vez en cuando, hasta que las cebollas estén traslúcidas, unos 6 minutos. Agrega la calabaza y el tomillo, y cocina, revolviendo de vez en cuando, hasta que la calabaza comience a suavizarse, de 5 a 10 minutos. Agrega el caldo de pollo, cociendo a fuego alto. Hierve la mezcla cuidadosamente durante 5 minutos. Baja el fuego y cocina a fuego lento, cubriendo la cacerola, hasta que los vegetales estén tiernos, alrededor de 20 minutos.

2. Saca y bota los ramitos de tomillo. Pasa la sopa en 3 ó más porciones al tazón de una procesadora de alimentos y hazla puré. Vierte la sopa de nuevo en la cacerola y vuelve a calentarla a fuego medio hasta que se caliente bien. Echa el jugo de limón y sal a gusto. Transfiérela con un cucharón a 6 a 8 tazones y sírvela.

DE LA COCINA DE TÍA ELSA
Ata los ramitos de tomillo con cordelitos de cocina para que puedas sacarlos juntos después de cocinar la sopa.

sopa de zanahoria y jengibre

Adoro el sabor refrescante y picantito del jengibre fresco, y esta sopa lo pone de manifiesto, sobre todo si usas las tres cucharadas colmadas de jengibre que indico más abajo. Si la prefieres menos fuerte, usa sólo dos cucharadas. De cualquier modo, ten en cuenta que el jengibre se hace más pronunciado con el tiempo, así que aunque la sopa se conserva muy bien guardada, el sabor del jengibre se hará más fuerte.

Muchas recetas para la sopa de zanahoria y otras sopas de puré de vegetales se coronan con otros ingredientes, pero yo prefiero dejar que los sabores naturales de la sopa sobresalgan, así que no les pongo nada encima. Siempre le puedes echar un poco de cualquier hierba fresca que lleve la sopa, lo cual la embellece y destaca los sabores ya presentes. Asegúrate de cocinar las zanahorias hasta que estén bien blandas, de forma que luego puedas procesarlas bien.

RINDE 4 A 6 PORCIONES

- 3 cdas. de mantequilla sin sal
- 1 cebolla amarilla grande, cortada en pedacitos
- 6 dientes de ajo, bien picaditos
- Sal kosher
- 2 lbs. de zanahorias, cortadas en pedacitos
- 2 a 3 cdas. de jengibre fresco pelado y cortado en pedacitos
- 5 tz. de Caldo vegetal (pág. 49) o caldo vegetal comprado bajo en sodio
- 2 ramitos de tomillo fresco
- 1 hoja de laurel fresco o seco
- Pimienta negra molida, al gusto
- ½ tz. de leche entera

1. En una olla grande para sopa, derrite la mantequilla a fuego medio. Agrega la cebolla, el ajo y una pizca de sal, y cocínalos, revolviendo de vez en cuando, hasta que la cebolla esté traslúcida, unos 6 minutos. Añade las zanahorias y el jengibre, y cocina, revolviendo de vez en cuando, durante 5 minutos más. Echa el caldo vegetal, el tomillo, la hoja de laurel y unas pizcas de pimienta negra. Sube el fuego al máximo. Ajusta el fuego para que la sopa hierva suavemente durante 5 minutos. Baja el calor y déjala a fuego bajo, medio tapada, hasta que las zanahorias estén bien blandas, 20 a 25 minutos.

2. Bota los ramitos de tomillo y la hoja de laurel. Pasa la sopa por partes al tazón de una procesadora y bátela hasta que quede bien suave. Vierte la sopa de nuevo en la olla y caliéntala a fuego medio. Agrega la leche. Sazónala con sal y pimienta al gusto. Pásala con un cucharón a 4 a 6 tazones para sopa y guarnécela con hojitas de tomillo si deseas. Sírvela caliente.

DE LA COCINA DE TÍA ELSA

La parte que toma más tiempo de esta sopa y de la Sopa de calabaza (pág. 43) es picar los ingredientes. En muchos mercados puedes comprar las zanahorias o la calabaza ya picadas, pero son ridículamente caras. Para ahorrar tiempo, durante el fin de semana pela y pica las zanahorias y la calabaza con las manos o, aun más rápido, ponlas en la procesadora de alimentos. Coloca los vegetales picados en una bolsa tipo *zip-lock* en el congelador hasta que los necesites.

caldo vegetal

RINDE UNAS 8 TAZAS

- 2 cebollas amarillas medianas, cada una cortada en 8 gajos
- 3 zanahorias, cortadas en trozos
- 2 tallos de apio, cortados en trozos
- 1 puerro (la parte blanca y verde clara), cortado en trozos
- 4 ramitos de perejil fresco
- 4 ramitos de tomillo fresco
- 1 hoja de laurel fresco o seco
- ¼ cdta. de granos de pimienta enteros

1. Echa las cebollas, las zanahorias, el apio, el ajo puerro, el perejil, el tomillo, la hoja de laurel, los granos de pimienta y 12 tazas de agua en una caldera. Ponlo a hervir a fuego medio-alto. Baja el fuego y cocina a fuego lento, sin tapar, hasta que el caldo adquiera sabor, de 30 a 45 minutos.

2. Escurre el caldo a través de un colador de malla y desecha las partes sólidas; no aprietes los vegetales al colarlos para evitar que el caldo se oscurezca. Déjalo enfriar.

3. Guárdalo en el refrigerador en recipientes bien tapados hasta 5 días, o congélalo hasta un máximo de 6 meses.

sopa de orzo con limón

Esta sopa puede prepararse en minutos, pero no te dejes engañar por eso: es una de mis recetas que más satisfacen el espíritu. Debe ser bastante ligera, de modo que el orzo flote en el sabroso caldo con sabor a limón. La pasta absorberá el caldo mientras reposa allí —incluso si no la tienes al fuego—, así que sírvela tan pronto como esté lista.

RINDE 2 A 4 PORCIONES

4 a 5 tz. de Caldo de pollo (pág. 51), Caldo vegetal (pág. 49) o caldo de pollo comprado bajo en sodio, o según se necesite

1 tz. de pasta orzo seca

Jugo de 1 a 2 limones pequeños (2 a 4 cdas. de jugo), o al gusto

2 yemas de huevos grandes

Pizca de sal kosher o al gusto

1. En una cacerola pequeña, pon a hervir el caldo de pollo. Echa el orzo y cocínalo *al dente*, de 8 a 9 minutos. La sopa debería quedar bien líquida. Agrega más caldo de pollo caliente si es necesario. Añade el jugo de limón.

2. En un tazón pequeño, bate las yemas de huevo. Agrega el caldo caliente a las yemas de huevo, 1 cucharada a la vez, hasta llegar a 6 cucharadas. Esto suaviza las yemas y evita que se cocinen demasiado rápido y se corten. Agrega las yemas a la sopa. Añade una pizca de sal, si deseas. Con un cucharón, echa la sopa en 2 a 4 tazones y sírvelas enseguida.

caldo de pollo

RINDE UNOS 4 CUARTOS DE GALÓN

1 cda. de aceite vegetal

3 lbs. de alas de pollo

1 cebolla amarilla mediana, cortada en ocho gajos

1 zanahoria mediana, cortadas en pedacitos

1 tallo de apio, cortado en pedacitos

4 ramitos de perejil fresco

3 ramitos de tomillo fresco

½ cdta. de granos enteros de pimienta negra

2 hojas de laurel fresco o seco

1. En una cacerola grande, calienta el aceite a fuego medio. Añade las alas de pollo, la cebolla, la zanahoria y el apio, y cocina, revolviendo, hasta que los vegetales se ablanden, unos 10 minutos; no dejes que el pollo se dore.

2. Añade agua fría hasta cubrir los ingredientes unas 2 pulgadas. Sube el fuego hasta que rompa el hervor. Usa una cuchara grande para quitar la espuma que salga a la superficie. Añade el perejil, el tomillo, los granos de pimienta y las hojas de laurel. Reduce el fuego y cocina a fuego lento, cubierto en parte, hasta que el caldo tome buen sabor, de 2 a 3 horas. Cuela el caldo en un colador de malla y desecha los sólidos.

3. Si quieres, refrigera el caldo y desecha la grasa solidificada que queda en la superficie. Guárdalo en recipientes bien herméticos en el refrigerador hasta un máximo de 5 días, o congélalo hasta 6 meses.

camarones a la parrilla con rúcula

PARA LOS CAMARONES

- 4 cdas. de aceite de oliva
- Jugo de 3 limones pequeños (alrededor de 6 cdas. de jugo)
- 4 dientes de ajo, bien picaditos
- 2 cdtas. de orégano fresco, picado
- 2 cdtas. de albahaca fresca, picada
- 2 cdtas. de cebolleta fresca (*chives*), picada
- Pizca de pimienta de cayena o al gusto
- Sal kosher y pimienta negra molida, al gusto
- 24 camarones grandes (*jumbo*, 21 a 25 por lb.), pelados y sin venas, pero con las colas

PARA LA ENSALADA

- 4 oz. de habichuelas, los extremos cortados y picadas en trozos de 2 pulgadas
- 2 bolsas de 10 oz. de hojas de rúcula tierna
- 1 pinta de tomates-uva (*grape tomatoes*) pequeños, o cortados a la mitad si son grandes
- 2 cdas. de aceite de oliva extra virgen
- 2 cdas. de vinagre balsámico blanco
- Sal kosher y pimienta negra molida, al gusto

Este es mi adobo favorito para camarones, pollo, falda de res o cualquier otra carne roja. Como con cualquier adobo, mientras más tiempo dejes que se marinen los camarones o la carne, mejor, pero en muchas ocasiones sólo tengo tiempo justo para prepararlos y ponerlos directamente en la parilla, y aun así el resultado es excelente.

1. Echa el aceite de oliva, el jugo de limón, el ajo, el orégano, la albahaca, la cebolleta, la pimienta de cayena, la sal y la pimienta negra en un tazón grande. Revuélvelos hasta que se mezclen bien. Agrega los camarones y revuelve suavemente hasta que queden bien untados. Cubre y refrigera durante 2 horas.

2. Prepara un tazón mediano con agua helada. Pon a hervir una ollita con agua ligeramente salada. Añade las habichuelas y cocina hasta que queden crujientes pero tiernas, alrededor de 3 minutos. Escurre las habichuelas e inmediatamente agrega el agua helada. Déjalas reposar hasta que se enfríen. Escúrrelas bien y apártalas.

3. Cuando el plato esté listo para servirse, prepara un gratinador o *broiler* a fuego medio-alto o coloca una parrilla a 6 pulgadas del *broiler* y ponlo al máximo. Asa los camarones hasta que estén firmes y de color rosado brillante o anaranjados, de 4 a 5 minutos, volteándolos una vez mientras los cocinas.

4. Coloca la rúcula, los tomates, el resto de las habichuelas, el aceite, el vinagre, la sal y la pimienta en un tazón grande para ensaladas. Mézclalos cuidadosamente hasta que la rúcula y los vegetales queden bien untados.

5. Divide la mezcla en 4 a 6 platos para ensalada y corónalas con los camarones. Sirve.

espinaca *baby* con remolacha y queso de cabra

Desde que tengo uso de razón, me ha fascinado la belleza, como de una joya, de las remolachas. De niña, deseaba encontrar un creyón que fuera del color exacto de las remolachas que cultivábamos para poder usarlo en todos mis dibujos. ¡Creo que fue por eso que mi madre nunca tuvo dificultad en que yo las comiera! Adoro las remolachas en ensaladas o solas, tan sólo rociadas con aceite de oliva extra virgen y un poquito de jugo de limón fresco.

RINDE 4 PORCIONES

- 1 bolsa de 5 oz. de espinacas *baby*
- 2 cdas. de Vinagreta balsámica (pág. 159) o al gusto
- 1 racimo de remolachas, asadas o hervidas (ver el cuadro), peladas y picadas en finas rebanadas
- ½ tz. de queso de cabra desmenuzado

1. Pon la espinaca en un tazón para ensalada. Agrega la vinagreta balsámica y mezcla cuidadosamente.

2. Divide la espinaca en 4 tazones o platillos para ensalada. Corónala con las rebanadas de remolacha y desmenúzale por encima el queso de cabra. Sirve.

PARA COCINAR LA REMOLACHA

Para preparar la remolacha, déja solamente una pulgada del tallo; córta el resto del tallo. Lávala bien con agua fría.

Hierve una olla grande de agua. Agrega la remolacha y vuelve a hervir el agua. Baja la temperatura y deja la olla a fuego lento, cubierta, hasta que la remolacha se sienta blanda al pincharla con un cuchillo delgado, unos 20 minutos para las remolachas pequeñas, 30 minutos para las remolachas medianas, y de 45 minutos a 1 hora para las remolachas grandes. Escurre la remolacha y pásala a un tazón de agua helada hasta que se enfríe.

Para asar la remolacha, precalienta el horno a 400° F. Coloca la remolacha en una pequeña cacerola de asar y añade ½ taza de agua. Tapa bien la cacerola con papel de aluminio y hornea hasta que la remolacha se sienta blanda cuando la pinchas con un cuchillo delgado, alrededor de 45 minutos para las remola-chas pequeñas, 1 hora para las remolachas medianas, y 1¼ horas para las remolachas grandes (ten cuidado de no quemarte con el vapor que sale cuando levantes el papel de aluminio). Saca la remolacha de la cacerola y déjala reposar. Cuando la remolacha esté fresca, usa un cuchillo pelalegumbres para cortar los extremos y pelarla. Sírvela calentita, a temperatura ambiente, o fría.

DE LA COCINA DE TÍA ELSA

La remolacha retiene mejor su sabor cuando se hierve o se hornea sin haberla pelado, pero pelarla después de cocinarla puede mancharte las manos con ese bello color, y allí no luce tan agradable. Usa guantes de cocina para pelar y picar remolachas.

ensalada de pasta rotini

Llena de verduras coloridas, crujientes y desbordantes de sabor, esta ensalada luce realmente bella sobre una mesa de bufet. Cuando ya yo estaba en la escuela intermedia, sabía que ver rotini y vegetales en la cocina era señal de que pronto iríamos a un evento al que habría que llevar un plato. Ésta era y es la receta preferida de mi mamá para las reuniones de padres y maestros, obras de teatro y recitales escolares, y *showers*.

RINDE 6 PORCIONES

- 1 lb. de pasta rotini o farfalle
- 1 a 2 cdas. de aceite de oliva extra virgen (opcional)
- 1 pimiento verde, sin el centro, sin semillas, y picado en trozos
- 1 pinta de tomates-uva (*grape tomatoes*) o tomates-cereza (*cherry tomatoes*)
- ½ cebolla roja grande, cortada en finas rebanadas
- 1 lata (4 oz.) de hongos cortados en tiras, bien escurridos
- 2 cdtas. de condimento seco de ensalada
- ½ tz. de Vinagreta balsámica (pág. 159) o aderezo italiano de ensalada en botella
- ¼ tz. de queso parmesano rallado, o al gusto

1. Pon a hervir una olla grande con agua salada a fuego alto. Echa la pasta y cocínala hasta que esté *al dente*, unos 8 minutos, o según las instrucciones del paquete. Escurre y enjuaga la pasta con agua fría para que no se siga cocinando. Escúrrela bien y pásala a un tazón grande. Si es necesario dejar reposar la pasta por un rato, agrega de 1 a 2 cucharadas de aceite de oliva para impedir que se pegue, y revuélvela bien.

2. Coloca la pasta dentro de una fuente grande. Añade los tomates, la cebolla roja, los pimientos, los hongos, el condimento seco de la ensalada y el aderezo.

3. Revuelve cuidadosamente hasta que todos los ingredientes se mezclen bien. Espolvorea el queso parmesano por encima y sirve.

ensalada de corazones de palmito

El Café Med en Los Ángeles sirve una ensalada como ésta sobre una finísima carne estilo *carpaccio* que me encanta pedir debido a su ligereza y su frescura. Cuando la preparo en casa, no uso carne, pero aumento los vegetales.

RINDE 4 PORCIONES

- 1 bolsa (10 oz.) de rúcula fresca
- ¼ tz. de Aderezo de ajo y limón (pág. 159)
  Sal kosher y pimienta negra molida
- 1 lata (14 oz.) de corazones de alcachofa, escurridos y cortados en cuartos
- 1 lata (14 oz.) de corazones de palmito, escurridos y cortados en tajaditas
  Virutas de queso parmesano-reggiano

1. Coloca la rúcula en una fuente honda. Vierte por encima el aderezo y mezcla con cuidado hasta cubrirla. Agrega sal y pimienta al gusto.

2. Esparce por encima los corazones de alcachofa y los corazones de palmito. Usa un pelador de vegetales para salpicar la ensalada con el parmesano-reggiano. Sirve.

¿PAPEL O PLÁSTICO?

Cuando el cajero del supermercado te pregunte qué tipo de bolsa quieres, "¿Papel o plástico?", la mejor respuesta es: "¡Ninguno de los dos, gracias!". El papel no es mejor que el plástico. Aunque las bolsas de papel son más fáciles de reciclar en muchas regiones, fabricarlas requiere de enormes recursos. Por favor, invierte en algunas bolsas reusables de compra y para productos agrícolas y llévalas contigo a la tienda. Pueden durar años, lo cual, si consideras cuántos productos compras cada semana, ¡es realmente bastante!

ensalada de lechuga francesa con fresas

Por lo general, cuando preparo ensalada comienzo con una base de hojas verdes, casi siempre lechuga francesa (*butterhead lettuce*). La condimento con una vinagreta de gran sabor y luego la adorno con lo que tenga a mano. Probé esta combinación una vez, y me gustó tanto que se ha convertido en plato fijo en mi casa.

RINDE 4 PORCIONES

- 1 cabeza pequeña de lechuga francesa, lavada y escurrida
- 2 cdas. de aceite de oliva con sabor a limón
- 2 cdas. de vinagre balsámico
- ½ manzana verde pequeña, sin el centro y cortada en tajadas muy finas
- 1 pinta de fresas, sin los cabos y cortadas en finas tajaditas (unas 2 tz.)
- ½ tz. de nueces de Castilla (*walnuts*), picadas en trozos
- ¼ tz. de queso de cabra desmenuzado

1. Rompe las hojas de lechuga en pedazos ligeramente más grandes que un bocado. Colócalos en un tazón grande para ensaladas. Vierte encima el aceite y el vinagre, y mézclalos con cuidado.

2. Arregla las manzanas, las fresas y las nueces encima de la lechuga. Desmenuza el queso de cabra por encima y sirve.

caprese a la mexicana

Mi versión de la clásica *insalata caprese* —una ensalada italiana de mozzarella, tomates y albahaca— lleva aguacates verdes en lugar de la albahaca para darle un matiz mexicano. ¡Me gusta decir que el rojo, blanco y verde representan la bandera mexicana! La preparo sobre una bandeja grande de servir y la sitúo en el centro mismo de la mesa de la cena o del bufet —se ve deslumbrante y realmente destaca la belleza de la mesa.

RINDE 6 A 8 PORCIONES

- 2 tomates rojos (*heirloom*), sin el centro y cortados en rodajas
- 1 lb. de mozzarella fresca, cortada en rodajas
- 3 aguacates, sin el hueso, pelados y cortados en rodajas
  Vinagre balsámico de buena calidad, al gusto

1. En una bandeja grande de servir, coloca las rodajas de tomate, mozzarella y aguacate montadas unas sobre otras en un diseño repetitivo. Rocía con vinagre y sirve.

CÓMO SELECCIONAR Y PREPARAR AGUACATES

Usa aguacates adecuadamente maduros: firmes al tocarlos, pero que ceden cuando se aprietan un poquito. Si no ceden nada, todavía no están maduros. Para madurar aguacates en casa, métulos en una bolsa de papel madera y mantenlos a temperatura ambiente. Por lo general maduran en un par de días, pero algunos pueden demorar hasta cinco días. En Texas y California yo siempre compro aguacates orgánicos cultivados en la zona, y te recomiendo que hagas lo mismo cada vez que puedas.

Puede ser difícil cortar un aguacate maduro en rodajas o trozos. Cuando se quita la cáscara, se quedan pegados a ella pedacitos de la suave masa, y el aguacate puede lucir maltratado. En vez de eso, corta primero longitudinalmente por la mitad, saca el hueso y usa un cuchillo pequeño de hoja fina para cortar cada mitad en rodajas o cuadritos, sin quitarle la cáscara. Usa una cuchara para sacar las rodajas o cuadritos de aguacate.

ensalada de maíz y calabacín

Me encanta aprender cosas nuevas cada vez que como un plato o entro en una cocina o tomo una clase. Fue emocionante descubrir el programa de Maite Gómez-Rejón en Los Ángeles titulado ArtBites, en el que se combina la historia del arte con las artes culinarias en clases que comienzan en un museo de la zona y terminan en la cocina. Yo tomé una clase llamada *Cenando en el Imperio Azteca*, en la que Maite nos enseñó formas modernas de usar ingredientes que habrían sido utilizados durante los siglos XIV al XVI en lo que es actualmente la zona central de México. En esa clase maravillosa aprendí esta receta que utiliza los antiguos ingredientes de maíz y calabaza.

RINDE 6 A 8 PORCIONES

- 5 mazorcas de maíz, peladas
- 1 cda. de mantequilla sin sal
- 2 tz. de calabacín, cortado en cubitos de ¼ de pulgada
- ½ cdta. de sal kosher
- ¼ tz. de cebolla roja, finamente picada
- 1½ cdas. de vinagre de sidra de manzana
- 2 cdas. de aceite de oliva extra virgen
- ½ cdta. de pimienta negra molida
- ½ tz. de cilantro o albahaca fresca picada

1. Prepara un tazón grande de agua helada y sepáralo. Pon a hervir una olla grande con agua. Agrega el maíz al agua hirviendo, cubre y quita del fuego. Déjalo reposar de 3 a 5 minutos. Escurre y sumerge el maíz dentro del agua helada para evitar que se siga cocinando. Cuando se refresque, corta los granos de la mazorca al ras. Echa los granos en un tazón grande.

2. Derrite la mantequilla en una sartén a fuego medio. Agrega el calabacín y una pizca de sal, y cocina, revolviéndolo, hasta que se ablande, unos 4 minutos. Añade el calabacín al tazón con el maíz.

3. Agrega al tazón la cebolla roja, el vinagre, el aceite, el resto de la sal y la pimienta. Justo antes de servir, agrega y mezcla las hierbas. Pruébala, ajusta los condimentos según sea necesario, y sírvela fría o a temperatura ambiente.

DE LA COCINA DE TÍA ELSA
Para quitarle rápida y fácilmente las barbas al maíz, usa toalla de papel seca y cepilla la mazorca hacia abajo.

espárragos con aderezo francés blanco al estilo grey moss inn

Al leer este libro, te darás cuenta de un tema: yo escondo los vegetales nutritivos bajo generosas cantidades de salsa o queso para que mi familia los coma. Hay aquí un ejemplo de nuestro juego del gato y el ratón llevado a la perfección: un cremoso aderezo con sabor a cebolla untado sobre espárragos crujientes y tiernos —¡y todo el mundo queda satisfecho!

RINDE 4 PORCIONES

- 1 lb. de espárragos, con los extremos cortados
- ¼ tz. de Aderezo francés blanco al estilo Grey Moss Inn (pág. 160), o al gusto

1. Prepara un tazón de agua helada y apártalo. Echa alrededor de ½ pulgada de agua en una ollita para sofreír con una tapa que cierre bien. Ponla a hervir. Añade los espárragos y cocina a fuego lento hasta que adquieran un color verde brillante y se sientan blandos al pincharlos con un cuchillo delgado, de 2 a 4 minutos.

2. Escurre los espárragos y sumérgelos de inmediato en el agua helada para evitar que se sigan cocinando. Cuando se refresquen, escurre el agua y colócalos sobre una toallita limpia de cocina. Pásalos a una fuente grande de servir. Rocía el aderezo por encima de los espárragos y sirve.

platos principales de pescado

Una niñez vivida cerca del agua propició que, a la edad de siete años supiera pescar, limpiar y filetear un pescado. Ésta, sin duda, es una habilidad muy útil que ya no necesito desempeñar en mi trabajo diario, pero que sirvió para desarrollar en mí un gran respeto por la vida marina. En la actualidad, cuando compro o preparo pescado, busco el más fresco que pueda encontrar. Me encantan los retos culinarios y, durante años, he desarrollado unos cuantos métodos muy fáciles para cocinar pescado. Durante el proceso he descubierto que si añado varios de mis ingredientes favoritos, como la miel o los cítricos, el pescado sin duda adquiere un excelente sabor.

Compra pescado fresco, no congelado. Para poder seleccionar pescados y mariscos obtenidos mediante pesca sostenible (es decir, un tipo de pesca comercial que utiliza métodos para afectar lo menos posible el equilibrio ecológico de los océanos), consulta la lista del Monterey Bay Aquarium Seafood Watch (Recursos, pág. 220). El acuario regularmente actualiza una lista con las formas en que se pescan o crían los pescados y mariscos. Puedes consultar su base de datos en línea, descargar una aplicación para teléfonos del tipo "Smartphone", o llevar contigo una práctica guía de bolsillo que indica cuáles son las mejores opciones, y cuáles debes evitar. Los miembros del acuario piensan, como yo, que las opciones que efectuamos a nivel individual tienen un impacto directo en nuestro mundo.

---

filetes de bagre crujientes y picantes

lenguado al limón

salmón glaseado con miel

tilapia con salsa de ajo y cítricos

corvina con hierbas en papel pergamino

filetes de bagre crujientes y picantes

Cuando salía a pescar con mi padre, casi siempre pescábamos cubetas enteras de bagres. Yo lo disfrutaba al máximo, hasta que llegaba el momento de cocinar el bagre a la parrilla con poco más que una pizca de sal y pimienta —esa parte ya no la disfrutaba tanto. Como siempre me ha gustado todo lo empanizado, tomé cartas en el asunto e inventé mi propia receta que les presento aquí. El empanizado mantiene el pescado suave y jugoso. Desde mi niñez, lo único que he cambiado es el pan rallado. Desde que el panko (pág. 80) —la versión japonesa del pan rallado— llegó al mercado, lo he empleado en sustitución del pan rallado en todas mis recetas. Sirve el plato acompañado por Coles de Bruselas asadas y picantes (pág. 138), y Fettuccine al limón (pág. 134).

RINDE 8 PORCIONES

Aceite vegetal en aerosol

1 huevo grande

½ tz. de suero de leche (*buttermilk*)

2 a 3 tz. de panko

8 filetes de bagre (*catfish*) de 6 oz. cada uno

1 cdta. de adobo Old Bay o Season-All

1 a 2 limones en rodajas, para servir

1. Coloca una parrilla en el nivel superior del horno y precaliéntalo a 400° F. Rocía una bandeja de hornear con aceite vegetal.

2. Bate el huevo y el suero de leche en un tazón ancho y llano. Vierte el panko en otro plato ancho y llano. Espolvorea los filetes con el adobo Old Bay.

3. Prepara un filete a la vez de la siguiente forma: pásalo sobre la mezcla de huevo, cubriéndolo bien por ambos lados, y deja escurrir el exceso. Pásalo sobre el panko, enharinándolo por ambos lados. Colócalo en la bandeja engrasada. Repite esto con el resto de los filetes, distribuyéndolos de forma inclinada para que quepan todos. Rocíalos con aceite vegetal.

4. Ponlos a hornear durante 8 minutos. Usa una espátula para darlos vuelta con mucho cuidado y rocíalos de nuevo con aceite vegetal. Hornéalos hasta que se doren ligeramente, unos 8 minutos más. Sírvelos con rodajas de limón.

lenguado al limón

Cuando estuve en el pueblo costero de Fécamp, en Normandía, Francia, paré a almorzar en un diminuto hotel-restaurante que no tenía más de cuatro mesas, operado por un matrimonio que lo hacía todo, desde cocinar hasta tender las camas. La pesca del día era lenguado (*Dover sole*), que el cocinero sirvió ligeramente cocinado a la sartén y prácticamente nadando en una de las salsas de mantequilla de limón más deliciosa que he probado en mi vida. El lenguado que se sirve en Europa es un tipo de pescado plano, oriundo de aguas europeas como las del Canal de la Mancha donde se halla el pueblito de Fécamp. Cuando estoy en Estados Unidos, compro el lenguado del Pacífico o cualquier otro pescado plano, de carne fresca y sabor delicado. Este plato acompaña excelentemente los Espárragos asados (pág. 145).

RINDE 6 PORCIONES

- 3 lbs. de pescado plano como el lenguado (*Dover sole*)
- ½ cdta. de sal kosher
- 2 cdas. de aceite de oliva, o según se necesite
- Ingredientes para la Salsa de mantequilla y limón (pág. 166, ver nota)

NOTA

El mejor momento para preparar la salsa se indica en la receta a continuación.

1. Espolvorea ligeramente con la sal los filetes del pescado seleccionado. En una sartén grande, calienta el aceite a fuego medio. Añade tantos filetes como quepan en la sartén sin sobrecargarla. Fríe hasta que la parte inferior esté ligeramente dorada, de 3 a 4 minutos. Dalos la vuelta y cocina el otro lado, de 3 a 4 minutos más.

2. Retíralos del aceite y colócalos sobre una fuente, manteniéndolos calientes. Sigue friendo el resto de los filetes, agregando aceite a la sartén en caso necesario.

3. Prepara la Salsa de mantequilla y limón.

4. Divide los filetes en 6 platos individuales, vierte la salsa por encima y sirve.

salmón glaseado con miel

Para ser honesta, nunca me interesó mucho el salmón. Probé varios métodos y sabores diferentes, pero ninguno me satisfizo. Finalmente, le pedí consejo a mi amigo Mario López y éste me respondió con tres palabras: "glaseado de miel". ¡Eso fue todo! La miel reduce el sabor tan fuerte del salmón y enfatiza su propia dulzura natural.

Si el pescado se hornea en paquetes de papel, que en francés se llaman *papillotes*, los cortes más gruesos quedan bien cocinados sin secarse y, mejor aún, se ensucia mucho menos el horno. Además, resulta divertido abrir los paquetes en la mesa, sólo hay que tener cuidado de no quemarse con el vapor. Sirve el salmón acompañado de las Habichuelas verdes (pág. 141), o una ensalada verde.

RINDE 4 PORCIONES

- 3 cdas. de miel
- 2 cdas. de aceite de oliva
- Jugo de 1 limón pequeño (unas 2 cdas.)
- 3 dientes de ajo, picaditos
- Papel pergamino
- 4 filetes de salmón sin espinas de 1½ pulgadas de grosor (6 oz. cada uno)
- Sal kosher y pimienta negra molida, al gusto

1. Precalienta el horno a 450° F.

2. Vierte la miel, el aceite, el jugo de limón y el ajo en un tazón pequeño. Revuelve hasta mezclarlos completamente.

3. Corta 4 hojas del papel pergamino en cuadrados de 15 pulgadas de lado. Coloca un filete con la piel hacia abajo justo debajo del centro de uno de los cuadrados. Con una brocha de cocina, unta el glaseado de miel por encima. Espolvorea con sal y pimienta.

4. Dobla el extremo superior del papel hacia abajo, uniendo los bordes. Dobla los tres lados abiertos varias veces hasta formar paquetitos bien sellados. Coloca el paquete en una bandeja de hornear y repite con el resto de los filetes. Hornea hasta que se cocinen bien, de 12 a 15 minutos, dependiendo del grosor del salmón y cuán cocido lo prefieras. Recuerda que el pescado seguirá cocinándose un poco después de retirarlo del horno. Transfiere los paquetes a 4 platos individuales y sirve.

tilapia con salsa de ajo y cítricos

No entiendo por qué la tilapia no es más popular de lo que es. Tiene una textura hojaldrada y un sabor delicado y sabroso. Además, se puede cocinar de casi cualquier forma en que se prepara el pescado. Y no sólo eso: su pesca se realiza de forma sostenida, se encuentra fácilmente en el mercado y resulta económica. Compro la tilapia en cantidades grandes y la preparo a menudo, específicamente para esta receta. Pero otras veces que necesito un pescado determinado que sólo está disponible congelado, la tilapia me saca siempre de apuros.

RINDE 4 PORCIONES

2 filetes de tilapia (6 oz. cada uno)

Sal kosher al gusto

1 cda. de aceite de oliva

Ingredientes para la Salsa de ajo y cítricos (pág. 165, ver nota)

NOTA
El mejor momento para preparar la salsa se indica en la receta a continuación.

1. Espolvorea los filetes con sal por ambos lados. En una sartén grande, calienta el aceite de oliva a fuego medio hasta que esté caliente, pero no humeante. Agrega la tilapia a la sartén y cocínala hasta que se torne opaca, alrededor de 3 minutos por lado. Retírala de la sartén y mantenla tibia.

2. Limpia la sartén y prepara la Salsa de ajo y cítricos. Coloca los filetes de pescado en 4 platos individuales o en una fuente. Vierte la salsa por encima y sirve.

corvina con hierbas en papel pergamino

El método de cocción en paquetes de papel no sólo resulta útil para preparar cortes de pescado gruesos y de intenso sabor (ver Salmón glaseado con miel, pág. 73). También resulta excelente para cocinar pescado blanco y de masa hojaldrada que resulta difícil de manipular durante la cocción y que se reseca con facilidad.

RINDE 4 PORCIONES

Papel pergamino

4 filetes de corvina (*sea bass*) o dorado (*striped bass*), de 6 oz. cada uno

Sal kosher y pimienta negra molida al gusto

8 ramitas de tomillo fresco

3 cdas. de mantequilla sin sal, dividida en 4 porciones iguales

1. Precalienta el horno a 450° F.

2. Corta 4 cuadrados de papel pergamino de 15 pulgadas de lado. Coloca un filete de corvina justo por debajo del centro de un cuadrado de papel. Espolvorea con sal y pimienta, y coloca 2 ramitas de tomillo y una porción de mantequilla por encima.

3. Dobla la mitad superior del papel hacia abajo, haciendo coincidir los bordes. Dobla los tres lados abiertos varias veces hasta formar un paquete bien sellado. Coloca el paquete sobre una bandeja de hornear y repite con los filetes restantes. Hornea hasta que se cocinen completamente, de 10 a 12 minutos, dependiendo del grosor de los filetes. Recuerda que el pescado continúa cocinándose un poco aun después de retirarlo del horno. Transfiere los paquetes a 4 platos individuales y sirve.

platos principales de aves

Como la mayoría de los niños, mis compañeros de escuela tenían perros y gatos como mascotas. Yo tenía pollos. Cada mañana los sacaba del gallinero para que comieran. Por la tarde, repetía el proceso a la inversa, guiándolos de nuevo hacia el pollero, algo así como arrear a cincuenta gatitos. Recogía los huevos todos los días, menos los que estaban empollándose, y acariciaba a los preciosos polluelos. Recordando aquellos días, sonrío al pensar que cuando era niña nunca establecí la conexión entre estos pequeños amigos míos y los pollos que mamá compraba en el supermercado cada semana (nunca nos comíamos nuestros pollos... o al menos, nunca me lo dijeron). Por supuesto, no soy tan inocente ahora, pero esa experiencia me enseñó a tratar a los animales que criamos para alimentarnos con toda la dignidad y respeto que merecen. Por ese motivo, tengo mucho cuidado cuando selecciono las aves y los huevos que consumo (pág. 79).

ensalada de pollo caliente

pollo frito al limón

pollo con chalotes caramelizados y salsa de
vino y hongos

pollo con pimentón a la húngara

chalupas

emparedados de ensalada de pollo

pizza de pollo a la barbacoa

flautas

enchiladas rojas

pastel del pastor de pavo (*shepherd's pie*)

ensalada de pollo caliente

Cuando estoy en Malibú, suelo servir este sustancial plato de sabor a queso, acompañado por una ensalada de frutas frescas y cruasanes calientes, para *brunch* en la terraza.

RINDE 4 A 6 PORCIONES

Aceite vegetal, regular o en aerosol, para el molde de hornear

4 tz. de pollo cocinado y cortado en cubitos (pág. 89)

1 tz. de almendras picadas

1 lata (8 oz.) de corazones de alcachofa, escurridos y cortados

½ tz. de apio picadito

3 cebollinos de tipo *green onion* (las partes blancas y verde claro) picaditos

4 cdtas. de jugo fresco de limón

1 paquete (8 oz.) de queso Colby y Monterey Jack, desmenuzado (unas 2 tz.)

½ cdta. de sal kosher

½ cdta. de pimienta negra molida

1 tz. de mayonesa

1½ tz. de papas fritas saladas, de bolsa, desmenuzadas

1. Precalienta el horno a 375° F. Engrasa o rocía con el aceite vegetal un molde de hornear de 8 tazas de capacidad.

2. Echa el pollo, las almendras, los corazones de alcachofa, el apio, los cebollinos, el jugo de limón, el queso, la sal y la pimienta en un tazón de mezclar grande. Revuelve hasta que todo se combine bien. Agrega la mayonesa y bate hasta que la mezcla quede pareja.

3. Transfiere la mezcla preparada al molde de hornear y distribuye por encima las papitas desmenuzadas. Hornea hasta que el queso se derrita y la parte superior se dore ligeramente, unos 30 minutos. Deja reposar de 5 a 10 minutos antes de servir.

AVES Y HUEVOS ORGÁNICOS

Siempre compro aves o huevos orgánicos. A diferencia de la clasificación "de granja" o *"free range"*, que sólo indica que el productor está obligado a dejar que los pollos salgan a la intemperie (no importa que la "intemperie" sea un patio de asfalto), el término "orgánico" está estrictamente regulado por el Departamento de Agricultura. Cuando compro en un mercado de agricultores, me preocupo menos por la etiquetas. Muchos campesinos no tienen etiquetas en sus productos, aunque estén siguiendo las regulaciones federales. Visita el sitio LocalHarvest.org para encontrar agricultores de buena reputación en tu área que críen animales de manera humanitaria y saludable. Sólo tienes que ingresar tu código postal para localizar los mercados de agricultores y establecimientos en los que puedes encontrar productos agrícolas, aves, carnes y huevos orgánicos.

pollo frito al limón

Desde que descubrí el panko (ver el cuadro), preparo este facilísimo plato muy a menudo.
El truco consiste en trabajar rápido en cuanto se cocine el pollo, y agregar la sal y el limón
tan pronto lo sacas de la cazuela. No te preocupes si te parece demasiado jugo de limón
—cuando el pollo está caliente, la capa crujiente de panko absorbe el jugo sin empaparse,
dándole un sabor delicioso.

**RINDE 6 A 8
PORCIONES**

2 paquetes (1¼ de lbs.
cada uno) de pechugas
de pollo cortadas en
tajadas finas

4 huevos grandes

3 a 4 tz. de panko

1 tz. de aceite vegetal,
o más si es necesario

Sal kosher al gusto

3 limones, cortados
a la mitad

1. Enjuaga y seca las pechugas de pollo. Colócalas sobre una superficie de trabajo entre dos capas de papel plástico. Con una maza de cocina, golpéalas para suavizarlas y dejarlas a $\frac{1}{8}$ de pulgada de grosor.

2. Bate los huevos en un plato llano grande. Vierte el panko en otro plato llano. Pasa una pechuga a la vez por el huevo batido, cubriendo ambos lados. Deja escurrir el exceso y pásala sobre el panko a continuación, cubriéndola completamente. Coloca la pechuga en una bandeja o fuente grande de hornear y repite con el resto de las pechugas.

3. Forra una o dos fuentes o bandejas de hornear con toallas de papel. En una sartén grande calienta el aceite a fuego medio hasta que esté caliente, pero no humeante. Coloca tantas pechugas de pollo como quepan sin sobrecargar. Fríelas hasta que se doren completamente, de 2 a 3 minutos por lado. Transfiere las pechugas a las fuentes con toallas de papel. Inmediatamente, espolvorea las pechugas con un poco de sal y exprime la mitad de un limón, rociando desde encima generosamente. Repite hasta cocinar todas las pechugas, añadiendo más aceite a la sartén en caso necesario. Sirve.

PANKO

Cualquier cocinera tejana conoce el arte de empanizar y freír como la palma de su mano. Mi madre, mis tías y hermanas no son la excepción. Crecí comiendo pollo, pescado y vegetales empanizados siguiendo la teoría de que si algo se podía cocinar, se podía empanizar y freír. Pero muy a menudo, el pan rallado que acostumbraba usar era o demasiado grueso o demasiado insípido. De repente, una noche hace ya varios años, vi un programa en el canal Food Network que presentó el panko. Al día siguiente, salí corriendo a comprarlo. Este pan rallado japonés tiene todas las cualidades que necesito: queda crujiente y ofrece una capa delgada y un delicado sabor.

pollo con chalotes caramelizados y salsa de vino y hongos

Este es un plato perfecto para el otoño, con un delicioso sabor y colorido intenso. Asegúrate de presionar firmemente el pollo cuando lo agregues a la cacerola para ayudar a que los chalotes y los cebollinos se adhieran a la piel y formen una suerte de corteza de cebolla caramelizada. Prefiero la carne oscura del pollo porque por lo general es más jugosa y tiene más sabor, pero este método funciona bien lo mismo con la carne de pollo blanca que con la oscura.

RINDE 4 A 6 PORCIONES

- 6 muslos de pollo con hueso o 4 pechugas de pollo con hueso y con la piel
- Sal kosher y pimienta negra molida al gusto
- 2 cdtas. de aceite de oliva
- 2 chalotes grandes (aprox. 4 oz.), cortados en rodajitas finas
- 2 cebollinos de tipo *green onion* (las partes blancas y verde claro), cortados en trocitos
- Ingredientes para la Salsa de vino y hongos (pág. 167, ver nota)

NOTA
El mejor momento para preparar la salsa se indica en la receta a continuación.

1. Precalienta el horno a 350° F.

2. Adoba ligeramente el pollo con sal y pimienta. En una cacerola grande refractaria de horno, calienta el aceite de oliva a fuego medio hasta que se caliente pero no humee. Agrega los chalotes y los cebollinos y cocínalos, revolviéndolos hasta que comiencen a dorarse, alrededor de 2 minutos. Coloca el pollo sobre las cebollas con la piel hacia abajo. Con una espátula presiona firmemente cada pedazo de pollo sobre las cebollas. Tapa la cacerola y deja cocinar hasta que los cebollinos y los chalotes estén color café, adheridos a la piel del pollo y el pollo esté casi cocinado, de 8 a 10 minutos. Destapa la olla y ponla en el horno hasta que el pollo se cocine por completo, alrededor de 15 minutos.

3. Mientras tanto, prepara la salsa de vino y hongos.

4. Pasa el pollo y las cebollas caramelizadas a platos individuales o a una fuente de servir. Vierte un poco de la salsa por encima; pon el resto en una salsera para llevar a la mesa. Sirve.

pollo con pimentón a la húngara

Gabor, mi fabuloso peluquero en el estudio de *Desperate Housewives*, me dio esta receta. De hecho me ha dado todas las recetas que su abuela usó durante décadas —¡la tarjeta en la que ésta venía estaba escrita en húngaro! A Gabor le llevó bastante tiempo descifrarla, pero le agradezco el esfuerzo. ¡Es deliciosa! Resulta interesante pensar que casi todas las culturas tienen alguna variación del aromático y nutritivo guisado. Me alegro de conocer ésta.

Los pimientos le añaden a la receta dulzura y colorido. El plato se ve hermoso cuando se hace con pimientos verdes, rojos, amarillos y anaranjados —pero puedes usar el que te guste. El guisado queda divino servido sobre fideos de huevo con mantequilla. Y no te preocupes por las sobras; saben mucho mejor cuando pasan un día o dos en el refrigerador.

RINDE 8 A 10 PORCIONES

- 2 cdas. de aceite de oliva
- 2 cebollas amarillas, cortadas en pedacitos
- 3 lbs. de muslos de pollo sin hueso ni piel, cortados en cubitos
- 3 cdas. de páprika
- 1 cda. de sal kosher, o al gusto
- ¼ de cdta. de pimienta negra molida, o al gusto
- 4 pimientos, preferiblemente 1 de cada color (verde, rojo, amarillo y anaranjado), sin el centro y cortados en pedacitos
- 3 tomates, cortados en pedacitos
- 16 oz. de crema agria (*sour cream*)
- ¼ tz. de harina para todo uso, o según se necesite
- 1 lb. de fideos de huevo
- 1 a 2 cdas. de mantequilla sin sal

1. En una cacerola grande, calienta el aceite de oliva a fuego medio. Agrega las cebollas y cocina, revolviendo, hasta que estén suaves y traslúcidas, de 6 a 8 minutos. Sube el fuego a medio-alto e incorpora el pollo. Déjalo cocinar hasta que se dore ligeramente, de 8 a 10 minutos.

2. Agrega la páprika, la sal, y la pimienta, y revuelve para cubrir la carne. Añade entonces los pimientos y los tomates. Deja que rompa a hervir a fuego bajo. Tapa la cacerola y deja cocer a fuego bajo hasta que el pollo se ablande, revolviendo de vez en cuando, unos 20 minutos. Las verduras y el pollo ya deben haber soltado su líquido y formado un burbujeante guisado aromático.

3. Mientras tanto, pon a hervir agua con sal en otra olla grande. Vierte los fideos de huevo y cocínalos siguiendo las instrucciones del paquete. Escurre completamente los fideos y échalos de nuevo en la olla o pásalos a un tazón. Incorpora la mantequilla y revuelve. Mantén los fideos tibios y aparte.

4. En un tazón mediano, bate la crema agria y la harina hasta formar una mezcla suave (para un guisado más espeso, usa más cantidad de harina). Incorpora esta mezcla al guisado, una cucharada a la vez. Deja que rompa a hervir y cuece a fuego bajo durante 5 minutos.

5. Sirve caliente sobre los fideos de huevo con mantequilla.

chalupas

Durante mi niñez, preparábamos chalupas con mucha frecuencia. Cada vez que buscábamos una merienda o comida rápida, los ingredientes para hacer las chalupas eran los primeros en salir del refrigerador. De hecho fue lo primero que mi madre me enseñó a cocinar. Ahora comprendo la razón: se trata de un plato que lleva más *ensamblaje* que cocción. ¡Y son tan divertidas! Sírvelas al estilo familiar, de forma que cada persona tome su propia tortilla y acumule sobre ella frijoles, pollo y cualquier otro ingrediente, tan alto como quiera.

RINDE 4 A 8 PORCIONES

- ½ tz. de aceite vegetal, o según se necesite
- 8 tortillas de maíz
- 4 tz. de lechuga desmenuzada
- 1½ tz. de queso cheddar o queso fresco, rallado o desmenuzado (unas 6 oz.)
- ¾ de tz. de crema agria (*sour cream*)
- 1 tomate grande, cortado en cubitos
- 2 aguacates, sin hueso, pelados y cortados en pedacitos
- 2 tz. de Frijoles refritos (pág. 130), o enlatados, calentados
- 2 tz. de pollo cocido y desmenuzado (pág. 89), calentado

1. Cubre un plato grande o una bandeja de hornear con toallas de papel. En una sartén grande calienta el aceite hasta que esté caliente pero no humeante. Fríe las tortillas una a la vez hasta que estén firmes, pero no se quemen, aproximadamente 1 minuto por cada lado. Transfiérelas a las toallas de papel y déjalas enfriar unos 5 minutos.

2. Coloca la lechuga, el queso, la crema agria, el tomate, y el aguacate en tazones individuales.

3. Unta los frijoles refritos sobre cada tortilla. Echa pollo desmenuzado por encima de los frijoles. Distribuye las chalupas en una fuente y sírvelas junto con los tazones que contienen el resto de los ingredientes para que cada comensal se sirva a gusto.

emparedados de ensalada de pollo

Recuerdo haber visto montañas de estos pequeños emparedados en la cocina de Tía Elsa (ver foto en la pág. 76). Ella los preparaba en grandes cantidades y los congelaba anticipándose a eventos especiales como *baby showers* o bodas (a continuación encontrarás consejos para prepararlos por adelantado). Me encanta comer estos crujientes y cremosos emparedados —con mucha mayonesa, apio y nueces, y con uvas dulces y pepinillo encurtido dulce, resultan perfectos para un picnic. A juzgar por la velocidad con la que desaparecen de las bandejas, ¡mi familia y mis amigos están de acuerdo conmigo! Las cebollas rojas son un poco más dulces que las blancas; usa la que prefieras.

RINDE UNAS 4 TAZAS DE ENSALADA DE POLLO; 8 PORCIONES

- 3 tz. de pollo cocinado y cortado (pág. 89), o pavo
- 1 tz. de uvas rojas y verdes cortadas a la mitad
- ½ tz. de nueces o pacanas picadas
- ¼ tz. de apio picadito
- ¼ tz. de cebolla roja o blanca picadita
- ¼ tz. de pepinillo encurtido dulce (*relish*)
- ¼ cdta. de sal kosher
- ¼ de cdta. de pimienta negra molida
- 1 tz. de mayonesa
- 16 rebanadas de pan blanco para emparedados
- ½ barrita (4 cdas.) de mantequilla sin sal, suavizada, si deseas

1. Coloca el pollo, las uvas, las nueces, el apio, la cebolla, el pepinillo encurtido, la sal y la pimienta en un tazón mediano. Revuelve hasta mezclar todo bien. Incorpora la mayonesa y revuelve hasta que el pollo esté bien cubierto.

2. Amontona unas cuantas rebanadas de pan, unas sobre otras, formando una pila pareja. Con un cuchillo serrado elimina los bordes por un lado. Repite la operación hasta eliminar todos los bordes.

3. Coloca aproximadamente ½ taza de ensalada de pollo sobre la mitad de las rebanadas de pan y cubre con las rebanadas restantes. Divide cada emparedado en cuadraditos o en triángulos. Colócalos en una fuente y sirve.

DE LA COCINA DE TÍA ELSA

Tía Elsa preparaba estos emparedados antes de una fiesta y los refrigeraba por unas cuantas horas o los congelaba hasta una semana. Luego, los sacaba del congelador la mañana del evento. Su secreto consistía en untar una capa delgada de mantequilla sobre el pan. La mantequilla evita que el pan pierda su firmeza en el congelador y no altera el sabor del emparedado.

Para prepararlos de antemano, unta una capa fina de mantequilla en uno de los lados de cada rebanada de pan. Después de cortarlos como explicamos arriba, cubre los emparedados con papel encerado y entonces, cúbrelos con una toalla húmeda. Refrigera hasta que los necesites.

Para almacenar por más tiempo, tapa la bandeja con los emparedados con papel plástico y congélalos. Destapa los emparedados y déjalos reposar a temperatura ambiente durante unas cuantas horas antes de servirlos.

POLLO ASADO O ESCALFADO

Muchas recetas de este capítulo, y muchas otras que no están incluidas en las páginas de este libro, requieren el uso de pollo ya cocido. Aquí explico dos de mis formas favoritas de cocinar el pollo para usar en la preparación de un plato.

Pechugas asadas, sin piel y sin hueso

RINDE UNAS 4 TAZAS DE CARNE CORTADA O DESMENUZADA

2 pechugas de pollo sin hueso y sin piel (de ¾ a 1 lb.)

2 cdas. de aceite de oliva

Sal kosher y pimienta negra molida

Precalienta el horno a 375° F. Engrasa ligeramente un molde pequeño de hierro fundido u otro tipo de molde de hornear. Coloca las pechugas de pollo en el molde y frota el lado superior de cada una con el aceite de oliva. Espolvorea con sal y pimienta. Hornea las pechugas hasta que los jugos salgan claros cuando se pinchen con un cuchillo, de 20 a 25 minutos. Déjalas a enfriar. Cuando estén lo suficientemente frías como para poder manipularlas, corta o desmenuza las pechugas según se indique en la receta.

Pollo escalfado

LAS PECHUGAS RINDEN UNAS 8 TAZAS DE CARNE CORTADA O DESMENUZADA
UN POLLO ENTERO RINDE UNAS 6 TAZAS DE CARNE CORTADA O DESMENUZADA

2 pechugas enteras de pollo con hueso (1½ lbs.)
    (4 pechugas individuales), o 1 pollo entero de 4 lbs.

1 cebolla grande, cortada en cuartos

1 diente de ajo, aplastado con la hoja del cuchillo

1 pimiento serrano entero

Coloca el pollo, la cebolla, el ajo y el pimiento serrano en una cacerola grande. Agrega agua fría hasta cubrir los ingredientes y hazla hervir a fuego alto. Reduce el fuego y deja cocer hasta que el pollo se ponga opaco y los jugos salgan claros cuando pinchas la parte más gruesa de la carne, de 15 a 20 minutos para las pechugas, o unos 30 minutos para el pollo entero. Transfiere el pollo a un plato. Reserva el caldo para otro uso. Cuando el pollo se enfríe lo suficiente, retira la piel y los huesos y desmenuza la carne con los dedos o un cuchillo, según se indique en la receta.

pizza de pollo a la barbacoa

La receta de esta pizza festiva viene de mi hermana Esmeralda. A menudo preparo unas cuantas pizzas para servirlas en las reuniones del Super Bowl. También puedes usarla como plato principal de una sencilla cena familiar, acompañada de una ensalada.

RINDE 4 A 6 PORCIONES

- 2 paquetes de masa de pizza refrigerada
- Harina para todo uso, para pasar el rodillo por la masa
- Harina de maíz (*cornmeal*), para espolvorear
- Salsa barbacoa (pág. 164)
- 2 pechugas de pollo sin piel ni hueso (de ¾ a 1 lb.), cocidas y cortadas en trocitos pequeños (pág. 89)
- 1 cebolla roja pequeña, si deseas
- 1 lata de aceitunas negras sin semilla, escurridas y cortadas, si deseas
- 1 paquete (8 oz.) de queso Colby desmenuzado (unas 2 tz.)
- 1 paquete (8 oz.) de queso Monterey Jack (unas 2 tz.)
- 1 tz. (4 oz.) de queso parmesano rallado, si deseas

1. Coloca una parrilla de hornear en el tercio inferior del horno. Precaliéntalo a 425° F.

2. Deja descansar la masa a temperatura ambiente durante 20 minutos. En una superficie de trabajo ligeramente enharinada, amasa dos bolas de masa de pizza hasta formar dos círculos. Con la harina de maíz, enharina ligeramente dos bandejas de hornear redondas. Coloca allí los círculos y levanta los bordes de la masa una ½ pulgada.

3. Divide la salsa barbacoa entre las dos pizzas y extiéndela hasta una ½ pulgada del borde.

4. En un tazón mediano, coloca el pollo cortado, la cebolla, las aceitunas, y ¾ de taza de los quesos Colby y Monterey Jack (1½ tazas en total). Extiende la mezcla de pollo sobre la salsa en cada pizza.

5. Espolvorea el queso restante por encima. Si lo deseas, espolvorea queso parmesano también.

6. Hornea hasta que el queso se derrita y la corteza tome un tono café dorado, de 18 a 22 minutos. Deja reposar unos 10 minutos antes de cortar y servir.

flautas

Una gigante fuente de flautas es todo un espectáculo en la mesa, y el contraste de sabores y texturas las convierte en una fabulosa experiencia gastronómica. El pollo se enrolla en tortillas de maíz y éstas se fríen hasta que estén crujientes. Las flautas se disponen en una fuente, cubiertas con una hermosa salsa verde pálido, y por encima una espesa crema agria a la mexicana con queso fresco desmenuzado. El resultado es una explosión de sabor divino, cremoso y crujiente.

La crema agria a la mexicana es la versión mexicana de la *créme fraîche*, y ambas, a su vez, son versiones más suaves de la clásica crema agria norteamericana. Puedes encontrarla en la sección refrigerada de los supermercados que ofrecen productos hispanos. La *créme fraîche* es más espesa, de manera que si la usas debes revolverla bien para suavizar su consistencia antes de rociarla sobre las flautas.

RINDE 8 A 10 PORCIONES

- 1 lata (28 oz.) de tomatillos cocinados, escurridos
- 1 aguacate maduro, sin hueso y pelado
- Sal kosher al gusto
- Alrededor de 50 tortillas de maíz
- 2 pechugas de pollo enteras con hueso, ó 4 individuales (unas 3 lbs. en total), cocinadas y desmenuzadas (pág. 89)
- 2 tz. de aceite vegetal para freír, más si es necesario
- ½ tz. de crema agria a la mexicana o *créme fraîche*, para servir
- 1½ tz. de queso fresco rallado o desmenuzado (unas 6 oz.), para servir

Utensilios especiales: 50 palillos de madera

1. Echa los tomatillos y el aguacate en el tazón de una licuadora. Licua hasta hacer un puré. Agrega sal al gusto y deja aparte.

2. Envuelve alrededor de 10 tortillas en una toalla limpia de cocina y caliéntalas unos 2 minutos en el microondas. Este proceso suaviza las tortillas, lo que facilita enrollarlas para formar las flautas. Extiende unas 2 cucharadas del pollo en línea recta justo debajo del centro de una tortilla. Comenzando por el lado más cercano a ti, enrolla la tortilla en un cilindro apretado y usa un palillo de madera para sujetarlo. Repite esto con las tortillas y el pollo restantes.

3. Cubre un plato o bandeja de hornear con toallas de papel. En una sartén grande, vierte el aceite hasta alcanzar ½ pulgada de profundidad. Caliéntalo a fuego medio hasta llegar a 365° F. Coloca varias flautas en el aceite y fríelas hasta que se dore la parte inferior, de 2 a 3 minutos. Dalas vuelta y fríelas hasta que se dore el otro lado, de 2 a 3 minutos. Retíralas con pinzas de cocina, levántalas sobre la sartén para escurrir la mayor cantidad de aceite posible. Colócalas sobre las toallas de papel a escurrir más. Continúa el proceso hasta terminar con todas las flautas. Retira los palillos.

4. Coloca las flautas en una fuente. Vierte la salsa verde reservada por encima de las flautas, transfiriendo la cantidad restante a una salsera para llevar a la mesa. Gotea crema agria sobre las flautas (si usas *créme fraîche*, revuélvela primero para que se suavice). Por último, espolvorea el queso fresco por encima. Sírvelas.

enchiladas rojas

Durante mi infancia comíamos enchiladas más de una vez a la semana, y su preparación siempre se convertía en un evento familiar. Tan pronto como nos enterábamos de que era noche de enchiladas, mis tres hermanas y yo sabíamos que mamá pronto nos llamaría a la cocina: una freía las tortillas, otra las cubría con salsa, y otra (casi siempre yo) las rellenaba. La última de nosotras las enrollaba y las transfería al molde de hornear. Las enchiladas me traen a la memoria todos los momentos felices que compartimos en la cocina familiar.

A ninguna de nosotras no nos gustaban las cebollas tanto como a mi padre, así que a una mitad de la hornada agregábamos cebollas y a la otra no. Marcábamos las enchiladas con cebollas con un palillo de madera, y todos nos sentábamos a la mesa a disfrutar la misma cena.

RINDE 8 PORCIONES

- 10 tomates medianos, cortados en cuartos
- 10 chiles ancho, secos
- 8 dientes de ajo
- 1 tz. de caldo de pollo comprado (o del pollo cocido)
- 1¼ tz. de aceite vegetal, más si es necesario
- Sal kosher al gusto
- Alrededor de 48 tortillas de maíz
- 1 pollo entero de 4 lbs., cocido y desmenuzado (pág. 89)
- 1 cebolla amarilla, finamente picada, si la deseas
- 3 tz. de queso fresco rallado o desmenuzado (unas 12 oz.), o queso mexicano desmenuzado
- Arroz a la mexicana (pág. 124), para servir
- Frijoles refritos (pág. 130), para servir

1. Para la salsa: Coloca los tomates y los chiles en una cacerola grande y cúbrelos con agua fría. Hazlos hervir suavemente hasta que los chiles se ablanden, unos 10 minutos. Escurre y retira los tallos de los chiles. Trabajando en tandas, si es necesario, pasa los tomates, los chiles, el ajo y un poco del caldo de pollo reservado al tazón de una procesadora de alimentos. Agrega sal al gusto. Procesa hasta obtener un puré.

2. En una sartén grande, calienta ¼ de taza de aceite a fuego medio hasta que esté bien caliente, pero no humeante. Agrega la salsa y cocina a fuego bajo durante 10 minutos. Retírala del fuego, y deja que se enfríe.

3. Para las enchiladas: Forra un molde de hornear o un plato grande con toallas de papel. En una sartén pequeña, calienta 1 taza del aceite hasta que esté bien caliente, pero no humeante. Sofríe las tortillas, una a la vez, hasta que se suavicen, de 5 a 10 segundos por lado. Transfiérelas a las toallas de papel para que escurran.

4. Precalienta el horno a 360° F. Engrasa ligeramente uno o dos moldes de hornear con aceite en aerosol, o aceite líquido untado con una brochita.

(la receta continúa)

5. Trabaja una tortilla a la vez de la forma siguiente: remoja la tortilla en la salsa roja, empapando ligeramente cada lado por completo. Coloca la tortilla en el molde de hornear y échale alrededor de 1 cucharada de la masa de pollo en línea recta justo encima del centro. Espolvorea un poco de cebolla, si lo deseas. Enrolla la tortilla formando un cilindro y colócalo en un extremo del molde. Repite el proceso con el resto de las tortillas hasta que todas las enchiladas estén bien juntitas dentro del molde. Usa un segundo molde si es necesario.

6. Cuando todas las enchiladas estén en el molde, viérteles por encima el resto de la salsa. Espolvoréalas con el queso fresco y cubre el molde con papel de aluminio. Pon el molde al horno hasta que el queso se derrita y las enchiladas estén bien calientes, de 15 a 20 minutos. Retíralas del horno. Usa una espátula para sacarlas del molde. Sírvelas acompañadas de arroz a la mexicana y frijoles refritos.

PIMIENTOS SECOS

De todos los pimientos secos, prefiero los pimientos ancho, pasilla y chipotle (secos y en adobo). Los pimientos ancho son poblanos secos. Bastante grandes y de color oscuro, llevan un sabor dulce. De vez en cuando, se equivocan las etiquetas de pimientos ancho, llamándolos "pasilla" o "ancho pasilla", pero es fácil distinguirlos: los pimientos ancho son rechonchos, mientras los pimientos pasilla son delgados y largos.

Los pimientos pasilla, también conocidos como chiles negros, tienen un sabor leve. Ambos se usan muy a menudo en la cocina mexicana, especialmente en los moles y las sopas. Los uso en mi receta fantástica de Sopa de tortilla (pág. 45), que debe parte de su profundidad a los chiles secos.

Los pimientos chipotle son jalapeños ahumados y secos, que se vende también en lata, mezclados con salsa de tomate aderezada. Añaden el sabor ahumado y picante al Chile con carne (pág. 110) y al *Aioli* de chipotle (pág. 162).

pastel del pastor de pavo
(*shepherd's pie*)

Un querido amigo londinense me dio esta receta acompañada de un sabio consejo inglés: la clave para un buen pastel del pastor es el *ketchup*. Así que prueba la mezcla antes de pasarla al molde de hornear, y agrega un par de cucharadas de *ketchup* si crees que le hace falta. No permitas que el polvo de chile te intimide: le añade sabor al plato, sin hacerlo picante.

RINDE 8 PORCIONES

Aceite vegetal líquido o en aerosol, para el molde de hornear

2 lbs. de papas rojas (*russet potatoes*), peladas y cortadas en cubitos

Sal kosher

½ tz. de suero de leche (*buttermilk*)

Pimienta negra molida

2 lbs. de picadillo de carne o de pavo

1 cebolla amarilla grande, picada finamente

2 zanahorias medianas, cortadas en ruedas de ½ pulgada

2 tallos de apio, picados en trozos de ½ pulgada

1 diente de ajo, picadito

1 lata (14½ oz.) de tomates enteros con su jugo, trozados

¼ tz. de *ketchup*

1 cda. de polvo de chile

½ tz. de queso cheddar rallado (unas 2 oz.)

1. Precalienta el horno a 350° F. Con el aceite vegetal y una brochita, o un aerosol, engrasa ligeramente un molde de hornear de 9 × 13 pulgadas. Deja aparte.

2. Coloca las papas en una cacerola grande y agrega agua con sal hasta 1 pulgada sobre el nivel de las papas. Pon a hervir a fuego medio-alto, y déjalas cocer a fuego bajo hasta que las papas se sientan blandas cuando las pinches con un cuchillo, alrededor de 15 minutos. Escurre las papas y regrésalas a la cacerola. Incorpora el suero de leche y con un pisa-papas prepara un puré. Agrega sal y pimienta. Deja aparte.

3. Mientras tanto, en una sartén grande antiadherente, cocina el pavo o la carne molida a fuego medio, separándola con una cuchara de cocina. Déjala cocer hasta que pierda el color rosado, unos 7 minutos. Incorpora la cebolla, la zanahoria, el apio y el ajo y cocina, revolviéndolos de vez en cuando, hasta que los vegetales se suavicen, alrededor de 5 minutos. Añade los tomates, el *ketchup* y el polvo de chile, y deja cocer a fuego bajo. Sazona con sal y pimienta al gusto.

4. Pasa la mezcla de pavo o carne al molde de hornear ya preparado. Extiende por encima el puré de papas y espolvorea con el queso. Hornea hasta que los jugos burbujeen y el queso se haya derretido, alrededor de 30 a 40 minutos. Deja reposar de 5 a 10 minutos antes de servir.

platos
principales
de carne

Texas es un estado ganadero. Y aunque nosotros no nos dedicábamos a la cría de reses, sí teníamos vacas —creo que una de las leyes no oficiales de Texas es que si tienes un rancho, tienes que tener ganado. Al cumplir diez años, yo ya conocía todos los cortes y la mejor manera de cocinar cada uno para explotar sus ventajas naturales. Aprendí que la falda es una de los cortes más sabrosos (y más económicos). Aprendí especialmente a prestar atención al objetivo de la receta al seleccionar los cortes y el modo de cocción: escoger falda rica en grasa para preparar tacos o fajitas, o *filet mignon* si voy a servir una salsa elegante.

La vida en el rancho rodeada de animales y un huerto abundante me enseñó algo más: todos los alimentos merecen nuestro respeto. Por ese motivo, solamente compro carne de ganado alimentado con pasto, aunque cueste más. Las reses no pueden digerir adecuadamente los granos ya que no forman parte de su dieta natural. Si no puedes conseguir carne de ganado alimentado a base de pasto en el mercado, visita eatwild.com para localizar un proveedor en tu área.

---

carne de pecho de res rehogada con cerveza

tacos de carne de falda untados con chile

Falda de res con marinada de lima

carne estilo pollo frito con salsa blanca

carne guisada de tía didi

filet mignon con salsa balsámica dulce reducida

chile con carne

salsa boloñesa

ropa vieja cubana

pan de carne (*meat loaf*)

pimientos verdes rellenos

lasaña a la mexicana

carne de pecho de res rehogada con cerveza

La carne de pecho de res (*brisket*) es una pieza fundamental de la cocina tejana, tan importante en el panorama culinario como el té helado y las galletitas. Esta versión es el tipo de plato que permite prepararlo y olvidártelo. En pocos minutos puedes unir los ingredientes, poner la carne al horno, y dedicarte a otra actividad por las próximas tres horas. Mientras se cocina, la casa se llena de un olor increíble; el resultado es una carne tan tierna que parece derretirse, acompañada de una salsa agridulce. Al final de la cocción, prepara una ensalada verde o Arroz blanco (pág. 126) —o, si quieres algo más elaborado, pon al horno la Cacerola de arroz y brócoli (pág. 123) unos 30 minutos antes de que la carne se termine de cocinar iy la cena ya está lista!

RINDE 8 A 10 PORCIONES

- 4 a 5 lbs. de carne de pecho de res (*brisket*)
- 1 cebolla amarilla, cortada en ruedas
- 1 botella (12 oz.) de salsa de chile (ó 1 tz. abundante)
- 2 cdas. de azúcar morena
- 5 dientes de ajo, picaditos
- 1 lata (12 oz.) de cerveza clara
- 1 cda. de maicena, si la deseas

1. Precalienta el horno a 350° F.

2. Coloca la carne con el lado de la grasa hacia arriba en una cacerola para asar con tapa, preferiblemente. Pon las ruedas de cebolla por encima. En un tazón mediano, mezcla la salsa de chile, la azúcar morena, el ajo y la cerveza. Revuélvelos bien. Vierte la salsa sobre la carne. Tapa la cacerola o cúbrela con papel de aluminio.

3. Hornea durante 3 horas. Si deseas espesar la salsa, transfiere la carne a una bandeja y mantenla caliente. Coloca la maicena en un plato pequeño y agrega 2 cucharadas de agua. Revuelve hasta que se disuelva y añádela al líquido de cocción. Deja hervir durante 1 minuto revolviendo constantemente.

4. Para servir, corta la carne en tajadas de ¼ de pulgada de forma perpendicular al hilo de la carne. Distribuye las tajadas en una fuente de servir y vierte por encima la salsa. Pon la salsa restante en una salsera para llevar a la mesa.

tacos de carne de falda untados con chile

En los restaurantes Beso sirven estos tacos como aperitivo, pero a algunos les gustan tanto que los comen para plato principal, y ordenan el Maíz Veracruz (pág. 151) como acompañante. A menudo, la gente cree que se trata de un plato picante, pero les aseguro que el polvo de chile solamente le añade al plato un hermoso colorido y sabor. Les prometo que "no pica", como diría Tía Elsa.

RINDE 6 PORCIONES

- 2 lbs. de carne de falda (*skirt steak*)
- 2 cdas. de polvo de chile
- Sal kosher al gusto
- 12 tortillas de maíz
- 1 tz. de Guacamole espeso con pimientos serranos (pág. 19)
- Utensilios especiales: 12 palillos de madera

1. Engrasa ligeramente la rejilla de una parrilla y prepárala a temperatura media.

2. Frota el polvo de chile por ambos lados de la carne y espolvoréala abundantemente con la sal. Pon la carne a la parrilla y cocínala unos 5 minutos por cada lado si la prefieres jugosa, o más tiempo a tu gusto. Transfiérela a una tabla para cortar y déjala reposar unos 5 minutos.

3. Apila las tortillas sobre una tabla de cortar y usa un cuchillo afilado para cortarlas en cuadrados de 4 pulgadas por lado. Calienta un comal (pág. 173) o una plancha de hierro forjado a temperatura media. Coloca de 1 a 2 cuadrados de tortilla en el comal, o tantos como quepan sin amontonarse demasiado, y déjalos calentarse hasta que queden tibios y suaves. Transfiérelos a un plato y tápalos con un paño limpio de cocina para mantenerlos tibios mientras calientas el resto.

4. Coloca un cuadrado tibio de tortilla de forma diamante sobre la superficie de trabajo. Manteniendo el cuchillo en un ángulo de 45° en relación con la tabla de cortar, corta la carne diagonalmente al hilo, formando tiras finas. Coloca de 2 a 3 tiras de carne a lo largo del centro del diamante de tortilla. Vierte por encima una generosa porción de guacamole. Une las esquinas de la tortilla, formando un triángulo y asegúralas con un palillo de madera. Coloca el taco sobre una fuente de servir y repite con el resto de los ingredientes. Sirve.

falda de res con marinada de lima

La falda proviene de la porción del vientre de la res localizada entre las costillas y las caderas. Toda mi vida he saboreado y disfrutado la falda, que se usan abundantemente en la cocina latina. Por alguna razón, este corte no tiene tantos admiradores como debiera. Esto es curioso, ya que lo que a la falda le falta en términos de suavidad, lo compensa en sabor fabuloso. Córtala en dirección opuesta al hilo de la carne, para poder masticarla más fácilmente. La marinada de lima resulta perfecta para cualquier tipo de corte. Recuerda que mientras más tiempo pongas a marinar la carne, mejor sabor tendrá.

RINDE 4 PORCIONES

PARA LA MARINADA

- 3 cdas. de aceite de oliva extra virgen
- 3 cdas. de jugo de lima (de unas 2 limas)
- 4 dientes de ajo, finamente picados
- 1 pimiento serrano, sin semillas y finamente picado
- 2 cdtas. de polvo de chile
- 1 cdta. de comino molido
- ½ cdta. de sal kosher

PARA EL BISTEC

- 1½ lbs. de falda de res (*flank steak*)

1. Vierte el aceite de oliva, el jugo de lima, el ajo, el pimiento serrano, el polvo de chile, el comino y la sal en un plato llano, y mezcla bien todos los ingredientes. Coloca encima la carne, dándole unas vueltas hasta que quede bien cubierta con la mezcla. Cúbrela con papel plástico y refrigérala por lo menos 2 horas y preferiblemente toda la noche, dándole una vuelta de vez en cuando.

2. Engrasa ligeramente la rejilla de la parrilla y ponla a temperatura media-alta. Seca la carne, dándole palmaditas con toallas de papel y ásala a la parrilla de 8 a 10 minutos, dando vuelta una vez si la prefieres jugosa. Transfiere la carne a una tabla de cortar y déjala reposar por 5 minutos. Con un cuchillo afilado, corta la carne contra el hilo en porciones finas. Sirve inmediatamente.

DE LA COCINA DE TÍA ELSA

Seca completamente la carne con toallas de papel antes de ponerla a la parrilla. Si los bistecs están demasiado húmedos, crearán vapor y no obtendrán una capa crujiente.

carne estilo pollo frito con salsa blanca

El truco aquí consiste en añadir bastante adobo a la harina de empanizar y usar la harina que sobre para preparar la salsa. Sírvela con Puré de papas con ajo (pág. 149).

RINDE 8 A 10
PORCIONES

3 lbs. de carne de cuadril (*beef round roast*), o de filetes bien finos, o de filetes previamente ablandados

4 huevos grandes

1 tz. de harina para todo uso, más si es necesario

1 cda. de sal kosher (ver la nota)

2 cdtas. de pimienta negra molida (ver la nota)

½ tz. de aceite vegetal, más si es necesario

4 tz. de leche entera

NOTA
O sustituye la sal y pimienta con 1 cda. de sazón Season-All

1. Si usas la carne de cuadril, córtala en porciones de ½ a ¾ de pulgada en dirección al hilo de la carne. Si usas filetes, divídelos a la mitad en sentido horizontal para afinarlos en caso necesario. Coloca las porciones de carne sobre una tabla de madera y dales golpes con una maza para suavizarlos. Si usas carne ya ablandada a máquina, este paso no será necesario.

2. Precalienta el horno a 175º F. Bate los huevos en un tazón ancho y poco hondo. Echa la harina, la sal y la pimienta en un segundo tazón ancho y mezcla todo bien. Sumerge un pedazo de carne en el huevo batido y luego pásalo por la mezcla de harina cubriendo ambos lados. Transfiere a una bandeja de hornear o una fuente grande y repite. Deja la harina sobrante aparte.

3. En una sartén grande, calienta el aceite a fuego medio. Pon a freír varios pedazos de carne a la vez, pero sin llenar demasiado la sartén. Fríelos hasta que se doren, de 4 a 6 minutos por lado (o más tiempo si la carne es gruesa o no muy tierna). Transfiérelos a una fuente de servir y fríe el resto. Añade aceite a la sartén si es necesario. Conserva los bistecs ya fritos dentro del horno para que no se enfríen. No los cubras con papel de aluminio o se pondrán mustios.

4. Retira el aceite de la sartén, reservando 2 cucharadas del aceite y la harina restante que haya quedado en el fondo. Vuelve a colocar la sartén al fuego y echa muy despacio ⅓ de taza de la harina sazonada que reservaste anteriormente, raspando cuidadosamente el fondo para despegar los trocitos que se hayan adherido a la taza. Cuando todo esté bien mezclado, agrega la leche. Deja cocer a fuego lento hasta que la salsa se espese, unos 10 a 15 minutos.

5. Gotea la salsa sobre la carne y sirve. Pon el resto de la salsa en un tazón aparte.

carne guisada de tía didi

Este clásico guisado Tex-Mex es delicioso y espeso, pero requiere horas de cocción a fuego lento, como la mayoría de los guisados. No concibo comerlo sin Tortillas de harina de Tía Edna (pág. 171).

RINDE 4 PORCIONES

- 1 cda. de aceite de oliva
- 2 lbs. de carne de lomo (*beef sirloin*), cortada en cubitos de 1 pulgada
- 1 cebolla blanca mediana, en ruedas
- 4 dientes de ajo, picaditos
- ½ pimiento verde, cortado en tiras
- 2 cdtas. de comino molido
- 1 cdta. de sal kosher
- 1 cdta. de pimienta negra molida
- 1 lata (8 oz.) de salsa de tomate

  Arroz a la mexicana (pág. 124), para servir

  Frijoles refritos (pág. 130), para servir

  Tortillas de harina (pág. 171), para servir

1. En una sartén grande, calienta el aceite a fuego medio. Agrega la carne y cocina, revolviendo de vez en cuando, hasta que se dore en puntos pero todavía se quede un poco rojiza en el centro, unos 5 minutos.

2. Añade la cebolla, el ajo y el pimiento y revuelve para combinarlos. Incorpora el comino, la sal y la pimienta y mezcla bien. Agrega la salsa de tomate y 1 taza de agua. Una vez que hierva, reduce el calor y deja cocer a fuego bajo por 5 minutos. Sirve con arroz a la mexicana, frijoles refritos y tortillas tibias.

DE LA COCINA DE TÍA ELSA

Para lograr una salsa más espesa, una vez terminada la cocción, pasa la carne y las verduras a un tazón de servir. Combina 1 cucharada de harina para todo uso con ¼ de taza de agua y revuelve hasta que la mezcla quede suave. Añádela a la salsa y deja cocer a fuego bajo de 1 a 2 minutos hasta que se espese. Vierte la salsa sobre la carne y sírvela.

filet mignon con salsa balsámica dulce reducida

Todo lo que hace falta para que el *filet mignon* quede jugoso y tierno es agregarle sal y pimienta y saltearlo en un poco de mantequilla o de aceite de oliva. En esta receta, los rocío con una salsa balsámica reducida que tiene un sabor dulzón y un poco de picante. Prueba este plato con Puerros brasileros (pág. 142), o con la Salsa de vino y hongos (pág. 167).

RINDE 4 PORCIONES

4 filetes *mignon* (4 a 6 oz. cada uno)

Sal kosher y pimienta negra molida

1 cda. de mantequilla sin sal

Salsa balsámica dulce reducida (pág. 165)

1. Adoba ambos lados de los filetes con la sal y la pimienta. En una sartén grande, derrite la mantequilla a fuego medio. Agrega los filetes y deja cocer de 4 a 5 minutos por lado si prefieres la carne jugosa.

2. Distribuye los filetes en cuatro platos individuales o en una fuente grande de servir. Vierte la salsa balsámica sobre cada filete y sirve.

DE LA COCINA DE TÍA ELSA
La carne de res sabe mejor jugosa, lo que significa que el interior de la carne debe estar tibio y muy rojo.

chile con carne

En la actualidad prefiero comer el chile con carne con el sabroso Pan de maíz (pág. 181), pero cuando era niña el "Pastel de Fritos" era una de mis meriendas favoritas: coloca una generosa cantidad de Fritos u otro tipo de *chips* de maíz en el fondo de un tazón, cubre con chile con carne caliente y termina con una capa de queso cheddar. ¡Cada bocado es una delicia de queso y carne!

El chorizo mexicano es una salchicha de cerdo, fresca (no seca), sazonada con chile, y es el ingrediente que distingue este chile con carne de versiones más básicas.

Este plato sabe mejor si se lo prepara con un día de anticipación.

RINDE 12 PORCIONES

- 8 chiles chipotle secos
- 2 latas (28 oz. cada una) de tomates enteros con su jugo
- Sal kosher
- 12 oz. de chorizo mexicano (retira el pellejo)
- 1 cebolla blanca mediana, cortada en trocitos
- 4 lbs. de carne molida de res o de pavo
- 3 latas (15 oz. cada una) de frijoles pinto enteros, bajos en sodio, ó 4 tz. de Frijoles borrachos (pág. 128), escurridos
- Pan de maíz (pág. 181), para servir
- Queso cheddar rallado, para servir

1. Hierve 3 tazas de agua en una cacerola mediana. Agrega los chiles y déjalos hervir suavemente hasta que se ablanden, unos 10 minutos. Escúrrelos y ponlos aparte a enfriar. Cuando estén suficientemente frescos, retira los tallos, y si deseas, las semillas. (Nota: *Dejar las semillas hará que el chile con carne quede más picante*). Enjuágalos bien y échalos en un tazón grande. Incorpora los tomates con su jugo y revuelve hasta que se mezclen bien.

2. Trabajando por tandas, transfiere la mezcla de tomate y chiles a una licuadora y hazla puré. Agrega sal al gusto y deja aparte.

3. Cocina el chorizo y la cebolla a fuego medio en una olla grande, revolviendo de vez en cuando y partiendo el chorizo con una cuchara de cocina, hasta que el chorizo se dore ligeramente y la cebolla se ablande, de 10 a 15 minutos. Incorpora la carne o el pavo molido y cocina, revolviendo de vez en cuando, hasta que la carne se dore. Añade el puré de tomate y chiles y los frijoles. Deja al fuego hasta que se caliente y agrega sal al gusto. Sirve con el pan de maíz y el queso rallado.

salsa boloñesa

Durante la secundaria yo practicaba atletismo. Un día, mi entrenador me recomendó comer pasta para incrementar mi energía. Me fui directa a casa y le conté a mamá que necesitaba comprar bastante salsa para espaguetis. Aclaró que los frascos de salsa salían demasiado caros —por aquel entonces, unos $2 dólares el frasco— para la cantidad grande que yo iba a ingerir. Mi madre, sabiamente, me sugirió que comprara una caja de salsa de tomate (6 latas por $1) y me pusiera a trabajar. Créeme, realicé muchos intentos antes de llegar a esta receta. Me tomó años encontrar la mezcla precisa de especias. Pero hasta el día de hoy, prefiero comenzar con una lata de salsa de tomate que abrir un frasco de salsa para espagueti comprado. Esta boloñesa se puede guardar en el congelador durante meses, por lo que a veces preparo un poco para almacenar y descongelar cuando la necesito.

RINDE UNAS 10 TAZAS, DE 8 A 10 PORCIONES

- 1½ tz. de cebolla amarilla, cortada en pedacitos
- 8 dientes de ajo, picaditos
- ½ tz. de apio cortado en trocitos
- ½ tz. de zanahoria cortada en trocitos
- ½ tz. de aceite de oliva
- Sal kosher y pimienta negra molida
- 2 lbs. de carne molida de res o de pavo
- 1½ tz. de Caldo de carne (pág. 114) o caldo de carne comprado bajo en sodio, o más si es necesario
- ½ tz. de vino tinto seco
- ½ tz. de vino blanco seco
- 4 tz. de salsa de tomate, o más si es necesario
- ¼ tz. de *ketchup*
- 2 hojas de laurel frescas o secas
- 2 ramitas de tomillo fresco
- 3 cdas. de orégano seco

1. En el tazón de una procesadora de alimentos, pica las cebollas, el ajo, el apio y las zanahorias hasta que queden bien picaditos.

2. Calienta el aceite a fuego medio en una cacerola grande con tapa. Agrega la mezcla de verduras con una pizca de sal y otra de pimienta, y deja cocer, revolviendo de vez en cuando, hasta que se ablande, unos 5 minutos.

3. Añade la carne molida y cocina, revolviendo de vez en cuando, hasta que se cocine completamente, de 8 a 10 minutos. Agrega el caldo y los vinos secos y hierve a fuego lento durante 10 minutos.

4. Incorpora la salsa de tomate, el *ketchup*, las hojas de laurel, el tomillo, el orégano, 1 cucharadita de sal y ½ cucharadita de pimienta. Deja hervir. Reduce el fuego y cocina a fuego bajo, tapado, durante 30 minutos. Revisa la salsa de vez en cuando y agrega más caldo o salsa de tomate según la consistencia que prefieras.

5. Retira el tomillo y descártalo. Sirve sobre cualquier tipo de pasta.

ropa vieja cubana

RINDE 8 A 10
PORCIONES

2½ lbs. de falda de res
(*flank steak*)

6 cdas. de comino molido

4 cdas. de aceite
de oliva, más si es
necesaria

2 tz. de Caldo de carne
(pág. 114), o caldo
comprado bajo en sodio

2 latas (8 oz.) de salsa
de tomate

2 latas (6 oz.) de pasta
de tomate

2 cdas. de vinagre
destilado

8 dientes de ajo, picados

1½ cdta. de sal kosher

1 cebolla blanca o
amarilla grande,
cortada en trocitos

1 pimiento verde, sin
semillas y cortado en
tiritas de ½ pulgada

1 pimiento rojo, sin
semillas y cortado en
tiritas de ½ pulgada

1 ramito de cilantro
fresco, las hojas
picadas

Arroz blanco (pág. 126),
para servir

Frijoles negros (pág.
127), para servir

Plátanos fritos (pág.
153), para servir

Este plato a base de carne desmenuzada trae a la mente la imagen de ropa raída por el uso diario. Pero no te dejes llevar por su nombre. El aroma y el sabor de este plato son exquisitos. Tampoco te dejes intimidar por la larga lista de ingredientes. Y en cuanto a la preparación, solamente debes cortar algunos ingredientes en trocitos, mezclarlos y olvidarte del plato durante horas (a no ser que no puedas resistirte a probarlo). La carne desmenuzada se debe dejar reposar durante por lo menos 15 minutos antes de servir, pero si puedes, déjala reposar todavía más para que el sabor se intensifique.

Este plato es oriundo del Caribe, así que sírvelo con otros platos de la región, como frijoles negros, arroz blanco y plátanos fritos.

1. Frota la falda con 3 cucharaditas de comino por ambos lados. En una sartén grande, calienta 2 cucharadas de aceite a fuego medio-alto hasta que el aceite se caliente, pero no humee. Agrega la carne y deja que se dore, unos 5 minutos por lado. Transfiere la carne a una olla de cocción lenta.

2. En un tazón grande mezcla el caldo, la salsa y la pasta de tomate, el vinagre, el ajo, la sal, las 3 cucharadas restantes de comino y las 2 cucharadas restantes de aceite de oliva. Revuelve bien. Incorpora la cebolla, los pimientos y el cilantro. Mezcla bien. Vierte la mezcla de tomate sobre la carne en la olla de cocción lenta.

3. Tapa y deja cocinar a nivel alto por 4 horas, o a nivel bajo, hasta 10 horas. La carne estará lista cuando se deshaga al pincharla con un tenedor. Retira la carne de la olla y utiliza dos tenedores para desmenuzarla, separándola en hebras. Regresa la carne desmenuzada a la salsa y deja reposar por 15 minutos. Vierte el jugo por encima y sirve con arroz, frijoles negros y plátanos fritos.

caldo de carne

Hacer caldo casero es muy fácil, y no tendrá demasiado sodio ni quién sabe qué otras cosas.

RINDE 12 TAZAS

- 3 lbs. de huesos de res, o una combinación de huesos, rabos y costillitas
- 1 cebolla grande, cortada en trozos
- 2 puerros medianos (la parte blanca y verde clara), cortados en trozos
- 2 zanahorias medianas, cortadas en trozos grandes
- 1 tallo de apio con las hojas, cortado en trozos grandes
- 1½ cdta. de pasta de tomate
- 4 ramitas de tomillo fresco ó ½ cucharadita de tomillo seco
- 4 ramitas de perejil fresco
- ¼ de cdta. de granos de pimienta negra enteros
- 1 hoja de laurel fresca o seca

1. Precalienta el horno a 450° F.

2. Esparce los huesos sobre un molde de hornear resistente al fuego. Hornea hasta que los huesos se tornen color café, de 30 a 45 minutos.

3. Transfiere los huesos a una cacerola. Bota la grasa del molde de hornear. Luego, coloca el molde sobre un hornillo a fuego alto. Vierte 2 tazas de agua en el molde y deja hervir, raspando los restos pegados al molde con una cuchara de madera. Vierte este líquido en la cacerola con los huesos. Agrega la cebolla, los puerros, las zanahorias y el apio.

4. Agrega agua fría hasta cubrir los huesos unas 2 pulgadas. Deja hervir a fuego alto. Utiliza una espumadera para retirar la espuma que aparezca en la superficie. Agrega la pasta de tomate, el tomillo, el perejil, los granos de pimienta y la hoja de laurel. Reduce el fuego y deja cocer a fuego bajo, tapado parcialmente, hasta que el caldo tome sabor, al menos por 2 horas y hasta 8 horas. Cuela el caldo y descarta los sólidos. Deja enfriar. Si lo deseas, refrigéralo y elimina la capa de grasa sólida de la superficie.

5. Guarda en recipientes herméticos en el refrigerador hasta 5 días, o en el congelador hasta 6 meses.

pan de carne
(*meat loaf*)

Me crié totalmente inmersa en la rica tradición histórica y culinaria de Texas y de México, y tardé años en darme cuenta de que existía un mundo diferente tanto de cultura como de alimentos más allá del que me era familiar. Esto me llevó a tratar de descubrir cómo luciría una comida sin tortillas, queso o arroz a la mexicana. Quise comenzar mi nueva educación con el plato más "norteamericano" que pude encontrar. Y te pregunto: ¿hay algo más "norteamericano" que el pan de carne? Esta fue la primera receta que me permitió cocinar la carne de una forma completamente diferente y es la que he seguido preparando hasta hoy.

RINDE 4 A 6 PORCIONES

- 1½ lbs. de carne magra molida
- ¾ de tz. de avena sin cocinar
- ¾ de tz. de leche
- 1 huevo grande, ligeramente batido
- ¼ tz. de cebolla blanca o amarilla, cortada en pedacitos
- 2 dientes de ajo, picaditos
- 1 cdta. de sal kosher
- ½ cdta. de pimienta negra molida
- ½ tz. de *ketchup*
- 2 cdas. de azúcar morena
- 2 cdas. de salsa Worcestershire
- 1 cda. de mostaza

1. Precalienta el horno a 350° F. En un tazón grande, mezcla bien con las manos la carne molida, la avena, la leche, el huevo, la cebolla, el ajo, la sal y la pimienta.

2. Pasa la mezcla a un molde de hornear de 9 × 5 pulgadas y deja aparte.

3. Vierte el *ketchup*, la azúcar morena, la salsa Worcestershire y la mostaza en un tazón pequeño. Revuelve hasta que se mezclen bien.

4. Vierte la salsa sobre la carne. Hornea hasta que se cocine completamente y empiece a burbujear ligeramente por los costados, alrededor de 1 hora. Deja reposar 5 minutos.

5. Si lo deseas, usa una espátula para desprender el pan de carne del molde. Corta en rodajas y sirve.

pimientos verdes rellenos

En este plato, los lustrosos pimientos verdes se llenan con un sabroso relleno de carne y se cubren con queso fresco y pico de gallo, formando un hermoso patrón de colores verde, rojo y blanco. Es una comida deliciosa y fácil de preparar, ideal para los días de semana, aunque su bonita apariencia también la convierte en un buen candidato para servir a invitados.

RINDE 4 PORCIONES

- 4 pimientos verdes grandes
- ½ lb. de carne molida
- 2 cdas. de cebolla, cortada en pedacitos
- 1 lata (8 oz.) de salsa de tomate
- 1 tz. de pan rallado seco
- 1 cdta. de sal kosher
- ½ cdta. de pimienta negra molida
- ½ a 1 tz. de queso fresco rallado o desmenuzado (de 2 a 4 oz.), para servir
- Pico de gallo (pág. 20), para servir

1. Precalienta el horno a 350° F. Pon a hervir agua en una cacerola mediana. Engrasa un plato de hornear con aceite en aerosol.

2. Corta una rodaja fina por el extremo superior de cada pimiento. Extráeles el centro, retira las semillas y enjuágalos por dentro y por fuera. Echa los pimientos en el agua hirviendo y déjalos cocer a fuego lento durante 5 minutos. Escurre y deja aparte.

3. Mientras tanto, pon la carne y la cebolla en una sartén mediana sobre fuego medio. Revuélvelas, separando la carne con una cuchara de cocina, hasta que la mayor parte de la carne se dore, pero todavía haya partes rosadas, alrededor de 5 minutos. Incorpora la salsa de tomate, el pan rallado, la sal y la pimienta.

4. Rellena ligeramente los pimientos con la mezcla de carne. Colócalos en un molde de hornear. Cúbrelos con papel de aluminio y llévalos al horno durante 35 minutos. Destápalos y hornéalos 15 minutos más.

5. Para servir, espolvorea queso fresco sobre cada pimiento y agrega una cucharada de pico de gallo por encima.

lasaña a la mexicana

Esta lasaña es un plato realmente divertido de preparar. Es excelente para fiestas o para llevar a reuniones, y puedes prepararla de antemano y congelarla hasta que la necesites. En ese caso, déjala reposar a temperatura ambiente durante 1 hora antes de hornearla.

Me gusta hornearla en dos moldes redondos porque queda muy bonita cuando se corta. Usa cualquier tipo de salsa que te guste, pero no el pico de gallo, ya que es muy espesa.

El queso mexicano rallado es una combinación de tres o cuatro quesos, por lo general cheddar, Monterey Jack, queso quesadilla y asadero. Este añade un sabor intenso y se derrite muy bien. Por supuesto, puedes rallar tu propia selección, pero me gusta la conveniencia de los que se compran en paquetes en el supermercado.

RINDE 6 A 8 PORCIONES

- 2 lbs. de carne molida de res o de pavo
- Sal kosher y pimienta negra molida
- ½ tz. de Caldo de pollo (pág. 51) o caldo de pollo comprado, bajo en sodio
- 10 tortillas de harina
- 1 frasco (16 oz.) de Salsa Picante Pace u otra salsa comprada o preparada en casa
- 1 paquete (16 oz.) de queso mexicano rallado
- 1 bote (8 oz.) de crema agria (*sour cream*)
- 2 latas (4.5 oz.) de chiles verdes, picados

1. Precalienta el horno a 375° F. Cubre dos moldes para torta de 8 pulgadas de diámetro con aceite en aerosol.

2. Cocina la carne molida a fuego medio en una sartén grande, revolviéndola con una cuchara de cocina para separarla. Deja que la carne se dore. Sazona con sal y pimienta. Deja aparte.

3. Vierte el caldo de pollo en un plato llano grande y añade las tortillas. Déjalas absorber el líquido durante 5 minutos. Deben quedar suaves, pero no mustias. Reserva ½ taza de salsa y 1 taza de queso.

4. Coloca 1 tortilla en el fondo de cada molde para torta. Luego forma capas de la siguiente manera: esparce unas 2 cucharadas de crema agria sobre una tortilla. Espolvorea unas 2 cucharadas de chiles sobre la crema agria, seguidas de una ½ taza de la carne dorada, 2 cucharadas de salsa y ⅓ de taza del queso rallado. Coloca encima otra tortilla. Repite el proceso hasta formar 3 capas más de relleno. Termina con una tortilla por encima (tendrás una pila de 5 tortillas y 4 capas de relleno en cada molde). Esparce la salsa reservada sobre las dos pilas de tortillas hasta cubrirlas y espolvorea el queso rallado por encima.

5. Engrasa un pedazo de papel de aluminio con aceite en aerosol. Cubre con ese papel uno de los moldes con el lado engrasado hacia adentro. Repite con el otro molde. Pon a hornear durante 30 minutos, hasta que se caliente y burbujee por los bordes. Sirve caliente.

deliciosos acompañantes

Debido quizás a la abundancia de alimentos frescos que preparaban mi madre y mis tías cuando era niña, me gusta tener una gran selección de platos para cada comida. Me encanta ver una mesa llena de diversos sabores. En este capítulo se refleja precisamente esa preferencia. Efectivamente, estos son mis acompañantes favoritos, pero muchos pueden servirse como plato principal y un grupo de ellos sirve para ofrecer un festivo y delicioso bufet.

Este capítulo es también un reflejo de mi propia trayectoria culinaria. Aquí encontrarás recetas como los Frijoles refritos (pág. 130), que constituyen un plato básico en todos los hogares mexicanos, o el Arroz a la mexicana (pág. 124), el plato que debía hacer a la perfección si quería sentirme a la par de mis tías en la cocina. Y por supuesto, encontrarás los Frijoles borrachos (pág. 128).

Algunos platos de este capítulo han surgido como producto de la necesidad. De niña tuve que comer tanta cantidad de ciertas verduras que me juré no probarlas nunca más. Pero con el tiempo he creado recetas como Calabaza de verano con queso parmesano (pág. 146) y Habichuelas verdes con ajo (pág. 141), dos ejemplos de que es posible reconciliarse con ingredientes familiares.

cacerola de arroz y brócoli

arroz a la mexicana

arroz blanco

frijoles negros

frijoles borrachos

frijoles refritos

rigatoni al horno con queso de cabra

sopa de fideos

fettuccine al limón

espagueti con tomate y albahaca

coles de bruselas asadas y picantes

habichuelas verdes con ajo

puerros brasileros

espárragos asados

calabaza de verano con queso parmesano

hongos portobello

puré de papas con ajo

maíz veracruz

plátanos fritos

berenjena a la parmesana

cacerola de arroz y brócoli

Este plato es tan sabroso como fácil de preparar. Mi mamá lo preparaba por lo menos una vez a la semana. Ofrece altos niveles de nutrición y de sabor y es una forma muy efectiva de lograr que los niños coman brócoli. Pruébalo con Tilapia con salsa de ajo y cítricos (pág. 74), el Pollo frito al limón (pág. 80), o el Pan de carne (pág. 115). Me gusta preparar esta receta con mucha mantequilla, pero puedes usar menos cantidad si lo deseas.

RINDE 6 A 8 PORCIONES

- 1 barra (8 oz.) de mantequilla sin sal, más cantidad para engrasar el molde de hornear, y más si la deseas para preparar
- 3 tz. de cabecitas de brócoli, o 1 paquete (10 oz.) de brócoli cortado congelado
- 1 tz. de arroz blanco de grano largo sin cocinar
- 1 lata (10.5 oz.) de sopa de crema de hongos
- 1 tz. de apio cortado en pedacitos
- ¼ tz. de cebolla cortada en pedacitos

1. Precalienta el horno a 350° F. Engrasa abundantemente un molde de hornear de dos cuartos de galón, y deja aparte.

2. Si usas brócoli fresco, coloca una cesta para cocinar al vapor en una olla cacerola con tapa y agrega unas 2 pulgadas de agua. El agua no debe tocar el fondo de la cesta. Coloca el brócoli en la cesta y tapa la cacerola. Pon a fuego alto para que el agua hierva. Deja cocinar al vapor hasta que el brócoli se ablande (prueba pinchándolo con un tenedor), pero esté todavía crujiente, unos 5 minutos. Si usas brócoli congelado, cocínalo de acuerdo a las instrucciones del paquete.

3. Cocina el arroz siguiendo las instrucciones del envase. Transfiere el brócoli cocinado y el arroz a un tazón grande. Incorpora la sopa de hongos, la cebolla y el apio y revuelve hasta que todo se mezcle bien.

4. Transfiere la mezcla al molde engrasado. Echa por encima trocitos de mantequilla al gusto, y revuelve delicadamente con el tenedor para que se incorpore a la mezcla. Hornea durante 30 minutos. Deja reposar 5 minutos antes de servir.

arroz a la mexicana

También conocido como arroz español, el Arroz a la mexicana es difícil de hacer bien. Una vez que le agregas la salsa de tomate y el agua al arroz, en realidad no puedes tocarlo o le arruinarás la textura. También es difícil saber qué cantidad de especias usar, porque no puedes probarlo hasta que se haya absorbido toda el agua. Y una vez que esto sucede el arroz no absorbe más el sabor de las especias.

Hay un dicho en mi familia que dice: "Cuando domines el arroz, ya te puedes casar, pero antes no". Sigue mi receta y el tuyo quedará fabuloso también.

Añádele pollo al arroz para servirlo como plato principal.

RINDE 4 A 6 PORCIONES

- 2 cdas. de aceite vegetal
- 1 cebolla blanca grande, cortada en pedacitos
- 5 dientes de ajo, picaditos
- 1½ tz. de arroz blanco de grano largo
- 2 cdas. de comino molido
- 2½ tz. de Caldo de pollo (pág. 51), o caldo de pollo comprado, bajo en sodio, más si es necesario
- 1 lata (14 oz.) de salsa de tomate
- ½ cdta. de sal kosher, o al gusto
- ¼ de cdta. de pimienta negra molida, o al gusto
- 6 muslos de pollo (aprox. 1½ lbs., opcional)
- 1 lata (15 oz.) de zanahorias y guisantes, escurridos (opcional)

1. En una cacerola grande, pon el aceite a fuego medio hasta que esté caliente pero no humee. Agrega la cebolla y el ajo, y deja cocinar 1 minuto. Incorpora el arroz y cocina, revolviendo de vez en cuando, hasta que el arroz se dore, de 6 a 8 minutos. Baja la temperatura si es necesario para evitar que el arroz se queme. Añade el comino y deja cocinar unos 30 segundos. Ahora, echa el caldo de pollo, la salsa de tomate, la sal y la pimienta. Incorpora el pollo, si lo usas, y sumérgelo bajo el líquido.

2. Deja que la mezcla hierva suavemente, cubre y deja a fuego bajo hasta que se reduzca casi todo el líquido y el arroz esté cocido, unos 30 minutos. Destapa varias veces durante la cocción para revisar el nivel del líquido. Agrega más caldo de pollo si el arroz comienza a quemarse y se pega al fondo de la cacerola. No revuelvas durante la cocción para evitar que el arroz se ponga pegajoso.

3. Uno o dos minutos antes del final de la cocción, agrega las zanahorias y los guisantes escurridos, si los usas.

4. Retira la cacerola del fuego. Deja reposar, sin la tapa, al menos 10 minutos y hasta 1 hora antes de servir. Prueba y agrega sal y pimienta si es necesario. Para servir, divide el arroz en platos individuales y coloca encima uno o dos muslos de pollo.

arroz blanco

El arroz blanco es el alimento caribeño por excelencia y es perfecto para complementar el plato principal en lugar de opacarlo. Resulta ideal para no dejar escapar ni una gota de la deliciosa salsa de la Ropa vieja cubana (pág. 113).

RINDE 6 A 8 PORCIONES

½ cda. de aceite de oliva

1 diente de ajo, picadito

2 tz. de arroz blanco de grano largo

1 cdta. de sal kosher

1. Pon a calentar el aceite en una cacerola grande a fuego medio. Agrega el ajo y sofríe hasta que se dore ligeramente, alrededor de 30 segundos. Incorpora el arroz y deja cocer, revolviendo de vez en cuando, hasta que tome un color blanco lechoso, unos 4 minutos.

2. Agrega 4 tazas de agua y deja hervir.

3. Añade la sal y tapa la cacerola. Baja el fuego y deja cocer a fuego lento hasta que se consuma el agua y el arroz esté suave, de 15 a 20 minutos. Deja reposar, tapado, durante 5 minutos.

4. Revuelve con un tenedor y sirve.

DE LA COCINA DE TÍA ELSA

El arroz y los fideos secos son elementos comunes en la despensa, ya que pueden mantenerse durante un año cuando se almacenan cuidadosamente. Por esta razón, es una buena idea comprarlos al por mayor, lo cual puede ahorrarte bastante dinero.

frijoles negros

Siempre me costó preparar unos frijoles negros perfectos, hasta que mi amiga de ArtBites (pág. 63) me dio esta receta. Desde entonces mis frijoles negros me quedan tan sabrosos como mis Frijoles borrachos (pág. 128). Los frijoles negros refritos son deliciosos (pág. 130), y a diferencia de los frijoles pintos, se cocinan de forma mucho más pareja y se parten menos si no los remojas antes de cocinar.

RINDE 8 A 10 PORCIONES

- 1 lb. de frijoles negros secos
- ½ cebolla amarilla, cortada en pedacitos
- 3 dientes de ajo, picaditos
- 2 cdas. de aceite de oliva
- 1 cubito de caldo de pollo
- Hojas de un ramito de cilantro fresco
- Queso fresco rallado o desmenuzado, para servir (opcional)

1. Coloca los frijoles en un colador. Descarta los que estén partidos, las piedrecitas y cualquier suciedad. Enjuágalos y escúrrelos.

2. Pon los frijoles en una olla. Incorpora la cebolla, el ajo, el aceite, el cubito de caldo, el cilantro y 10 tazas de agua. Deja que el agua hierva a fuego medio-alto. Reduce el fuego y deja cocer a fuego bajo, con la olla parcialmente tapada, hasta que los frijoles se ablanden, de 1½ a 2 horas. Revuelve los frijoles cada 15 minutos para que no se peguen al fondo de la olla. Asegúrate de que el agua cubra los frijoles lo suficiente como para que floten libremente. Agrega agua si es necesario. Sírvelos con queso fresco por encima, si deseas.

DE LA COCINA DE TÍA ELSA

Los frijoles secos se conservan durante meses en la alacena, pero mientras más tiempo lleven allí más tiempo de cocción necesitarán para ablandarse. Como es prácticamente imposible determinar "la edad" de los frijoles al comprarlos, calcula una media hora más de cocción para asegurarte de que te queden perfectos.

frijoles borrachos

Me encanta sacar mi olla eléctrica de cocción lenta y dejar cocinar estos frijoles durante todo el día, inundando la casa con un increíble aroma. Un paso básico para preparar frijoles buenos es escogerlos antes de la cocción, eliminando tanto la suciedad como los que no estén en perfectas condiciones.

Usa cualquier salsa de tomate picante espesa que te guste para añadir color y sabor. Si quieres, puedes hacer como yo, que reservo la grasa que queda al freír el tocino indicado en esta receta para preparar unos increíbles Frijoles refritos (pág. 130).

El sofrito es una combinación de ingredientes aromáticos que se cocinan lentamente para que se desprenda el sabor. El sofrito se utiliza como base para muchos platos de la cocina hispana y caribeña. Yo usualmente compro el sofrito en forma de pasta, que se vende en paquetitos individuales en la sección de condimentos o de alimentos hispanos del supermercado.

RINDE UNAS 8 TAZAS DE FRIJOLES EN SU CALDO; DE 6 A 8 PORCIONES

- 1 lb. de frijoles pinto secos
- ¼ lb. (unas 4 tiras gruesas) de tocino, cortado en pedazos de ½ pulgada
- 1 cda. de cebolla en polvo, más si es necesario
- 1 cdta. de ajo en polvo, más si es necesario
- ¼ a ½ tz. de salsa Pace, u otra salsa de tomate picante espesa
- 1 paquete de 3.98 oz. de sofrito Maggi, o cualquier otra marca de sofrito en pasta
- Sal kosher y pimienta negra molida
- 1 ramito de cilantro fresco, las hojas picaditas, para servir

1. Pon los frijoles en un colador. Elimina los que no estén en buenas condiciones, y cualquier otra suciedad. Enjuágalos y escúrrelos.

2. Transfiere los frijoles a un recipiente grande. Añade agua fría hasta que sobrepasa los frijoles 2 pulgadas. Déjalos remojar al menos unas 8 horas y preferiblemente toda la noche.

3. Como alternativa al paso anterior, para remojarlos más rápidamente, coloca los frijoles en una cacerola grande. Agrega agua fría hasta sobrepasarlos unas 2 pulgadas. Pon al fuego y déjalos hervir unos 2 minutos. Retira la cacerola del fuego, tápala y deja reposar durante 1 hora.

4. Mientras tanto, pon a freír el tocino en una sartén pequeña a fuego medio. Fríe hasta que el tocino se cocine, pero esté todavía suave. Pasa los trocitos a un plato cubierto con toallas de papel. Si deseas, vierte la grasa que quedó en la sartén en un recipiente pequeño y resérvala para preparar Frijoles refritos (pág. 130).

5. Escurre y enjuaga los frijoles remojados y pásalos a la olla eléctrica de cocción lenta. Agrega agua hirviendo de forma que los cubra y sobrepase 1 pulgada. Agrega la cebolla y el ajo en polvo y deja cocinar en la potencia alta de 5 a 6 horas, incorporando más agua hirviendo si es necesario para mantener sumergidos los frijoles, y revolviendo cuidadosamente para que no se peguen al fondo.

6. Luego de unas 2 horas de cocción, incorpora la salsa y un poco más de cebolla y ajo en polvo, si así lo deseas. Una hora antes de finalizar la cocción, añade el tocino, el sofrito, 1 cucharadita de sal y una pizca de pimienta negra.

7. Cuando los frijoles estén completamente cocidos, pruébalos y si es necesario, ajusta la sazón con sal y pimienta. Sirve en platos hondos o tazones de sopa con hojitas de cilantro.

frijoles refritos

Ésta bien podría ser la receta más importante de este capítulo. Sin exagerar te digo que en mi casa siempre había frijoles borrachos o refritos. Raramente pasa un día en que no coma frijoles. Mi desayuno favorito consiste en frijoles refritos y claras de huevo. Pueden sustituir la carne o simplemente añadirse a la misma en tacos (pág. 102), chalupas (pág. 87), o enchiladas (pág. 94).

Deben quedar firmes, no aguados. Los auténticos frijoles refritos se hacen con grasa de tocino, pero el aceite vegetal es una excelente alternativa.

RINDE 4 PORCIONES

- 2 tz. de Frijoles borrachos (pág. 128), o Frijoles negros (pág. 127), escurridos
- 1 a 2 cdas. del líquido de cocción de los frijoles, o la cantidad necesaria (opcional)
- Grasa reservada del tocino usado para los frijoles borrachos o 1 cda. de aceite vegetal
- Queso fresco rallado o desmenuzado, para servir (opcional)

1. Vierte los frijoles borrachos en el tazón de una procesadora de alimentos. Procesa hasta convertirlos en un puré suave, añadiendo un poco del líquido de la cocción de los frijoles si es necesario para que la mezcla no se pegue a las cuchillas.

2. En una sartén mediana, calienta la grasa de tocino o el aceite vegetal a fuego medio. Agrega el puré y cocina, revolviendo, durante 5 minutos. Sirve con queso fresco por encima, si lo deseas.

rigatoni al horno con queso de cabra

Cuando estoy en Dallas, siempre me aseguro de parar en el restaurante Palomino, donde el chef prepara una versión de su popular *mac and cheese*, pero con queso de cabra. ¡Es tan cremoso y delicioso que un día le pedí al chef la receta para poder prepararla en casa! Asegúrate de usar queso de cabra suave y sin sabores adicionales.

RINDE 6 A 8 PORCIONES

Aceite vegetal en aerosol para engrasar el molde de hornear

Sal kosher

8 oz. de pasta seca tipo rigatoni

3 cdas. de mantequilla sin sal

3 tz. de leche entera

¼ tz. de harina para todo uso

1 tz. de queso gruyér rallado, ⅓ tz. reservado para servir

1 tz. de queso cheddar blanco rallado

1 tz. de queso parmesano-reggiano rallado

½ tz. de queso fontina italiano rallado

1 barrita (4 oz.) de queso de cabra blando, desmenuzado

Pimienta negra molida

1 tz. de panko (pan rallado japonés que se emplea para empanizar)

½ tz. (2 oz.) de queso de cabra desmenuzado, para espolvorear

1. Precalienta el horno a 350° F. Con una brochita de cocina, engrasa el fondo de un molde de hornear con capacidad para 8 tazas con el aceite vegetal (o aceite en aerosol).

2. Pon a hervir agua con sal en una cacerola. Agrega los rigatoni y déjalos cocer hasta que estén al dente, de 8 a 10 minutos, o de acuerdo a las instrucciones del paquete. Escurre y enjuágalos con agua fría para interrumpir la cocción.

3. Mientras tanto, derrite 1 cucharada de la mantequilla en una cacerola mediana a fuego medio. Agrega la leche y espera hasta que esté caliente. Incorpora la harina y revuelve bien para que no se formen grumos. Añade ⅔ de taza del queso gruyér, ⅔ de taza del cheddar, ½ taza del parmesano-reggiano y del fontina, y el queso de cabra desmenuzado. Revuelve hasta que los quesos se derritan completamente y la salsa tenga una textura suave. Agrega sal y pimienta al gusto. Retira del fuego.

4. Coloca el panko en un tazón pequeño. Derrite las 2 cucharadas restantes de mantequilla y vierte sobre el panko. Con un tenedor, mezcla hasta que las hojuelas del panko estén bien cubiertas de mantequilla. Deja aparte.

5. Coloca la pasta en un tazón de mezclar grande y vierte la salsa de queso por encima. Transfiere al molde de hornear ya preparado. Échale por encima el ⅓ de taza de queso gruyér restante, el ⅓ de taza de queso cheddar, la ½ taza de queso parmesano-reggiano y el resto del queso de cabra desmenuzado. Por último, echa por encima la mezcla de panko y mantequilla.

6. Hornea hasta que el queso se dore y comience a burbujear, de 20 a 25 minutos. Deja reposar 10 minutos antes de servir.

sopa de fideos

Yo llamo a este plato "espaguetis mexicanos". En México, la sopa de fideos es una verdadera sopa, mientras que el fideo seco tiene una consistencia mucho más seca. Yo prefiero una textura intermedia. Al igual que con el Arroz a la mexicana (pág. 124), el truco consiste en cocinarlos sin manipularlos demasiado. Si los revuelves se ponen pegajosos, así que para revisar el nivel de líquido, empújalos suavemente con una cuchara de cocina para poder ver el fondo de la olla. Ten en cuenta que mientras más tiempo los dejes reposar, más caldo absorberán.

Este es un método excelente para cocinar pollo, así que aunque solamente vaya a servir los fideos como acompañante, a menudo aprovecho la olla caliente para cocinar pollo para el próximo día. Agrego a la olla varios muslos de pollo y los dejo cocer en el caldo. El pollo queda suave, jugoso y riquísimo.

RINDE 4 A 6 PORCIONES

- 2 cdas. de aceite vegetal
- 1 cebolla blanca grande, cortada en pedacitos
- 5 dientes de ajo, picaditos
- 1 caja (8.8 oz.) de fideos u otro tipo de pasta (cabello de ángel o vermicelli, ver nota)
- 3 a 3½ tz. de Caldo de pollo (pág. 51), o caldo de pollo comprado, bajo en sodio
- 1 lata (14 oz.) de salsa de tomate
- 2 cdas. de comino molido
- ½ cdta. de sal kosher, o al gusto
- ¼ cdta. de pimienta negra molida, o al gusto
- 6 muslos de pollo (unas 1½ lbs.) (opcional)

1. En una cacerola grande u horno holandés (ideal si vas a cocinar cabello de ángel), calienta el aceite a fuego medio hasta que esté bien caliente, pero no humee. Agrega la cebolla y el ajo y deja freír durante 1 minuto. Añade los fideos y cocina, revolviendo de vez en cuando, hasta que se doren, pero no se quemen, alrededor de 2 minutos. Incorpora el caldo de pollo, la salsa de tomate, el comino, la sal y la pimienta, y revuelve una o dos veces. Incorpora el pollo, si vas a usarlo, cubriendo los muslos con el líquido.

2. Una vez que hierva, reduce el fuego y tapa la olla. Deja cocinar a fuego bajo hasta que el líquido se reduzca casi por completo, pero todavía queden pequeñas porciones de salsa en la superficie y el pollo esté cocido, alrededor de 30 minutos. Destapa la olla varias veces para verificar el nivel del líquido. Agrega más caldo de pollo si los fideos comienzan a pegarse al fondo de la cacerola, pero no revuelvas muy fuerte. Sirve caliente.

NOTA

Si usas cabello de ángel, parte los nidos a la mitad antes de cocinarlo. Los vermicelli deben partirse en porciones de 3 pulgadas de largo.

DE LA COCINA DE TÍA ELSA

El fideo, un tipo de pasta fina y corta, se consigue en los supermercados hispanos, pero puedes sustituirlo por cabello de ángel (*angel hair*), o vermicelli. Si usas cabello de ángel, necesitarás una cacerola más grande porque ocupa más espacio al cocinarse.

fettuccine al limón

Cuando voy a Nueva York, como a menudo en el restaurante Serafina que prepara unos espaguetis al limón tan espectaculares que tuve que pedirle al chef la receta. Esta versión es un poco más simple y cremosa que la original. Como con la mayoría de los platos a base de pasta, es mejor tener la salsa lista antes que los fettuccine, de forma que la pasta caliente absorba la cremosa salsa (mientras más repose, menos salsa tendrá). Ten en cuenta que tanto el caldo como la crema deben cocinarse a fuego lento un largo rato para que se reduzcan bien. Ralla los limones antes de sacarles el jugo.

Queda delicioso servido con pollo asado untado con la Salsa para carne a la parrilla (pág. 164).

RINDE 6 A 8 PORCIONES

- 1 tz. de Caldo de carne (pág. 114), o caldo comprado bajo en sodio
- 1 tz. de crema para batir espesa (*whipping cream*)
- Jugo de dos limones pequeños (¼ tz. aprox.)
- 2 cdas. de mantequilla sin sal
- Cáscara rallada de 2 limones
- Sal kosher
- 1 lb. de fettuccine seco

1. Vierte el caldo de carne y la crema en una sartén grande. Revuelve para que se mezclen bien. Cocina a fuego medio-bajo, revolviendo de vez en cuando, hasta que la mezcla se reduzca a un tercio (aproximadamente 1⅓ de tazas), unos 20 minutos. Incorpora el jugo de limón, la mantequilla y la cáscara rallada.

2. Mientras tanto, pon a hervir agua con sal en una cacerola grande. Agrega los fettuccine (calcula que la salsa esté lista antes que los fettuccine), y cocínalos al dente, unos 8 minutos o de acuerdo a las instrucciones del paquete.

3. Escurre la pasta y agrega inmediatamente la salsa de limón. Deja reposar, sin tapar, durante 15 minutos para que los fettuccine absorban la salsa. Sirve.

espagueti con tomate y albahaca

Este es uno de los platos que preparo cuando recibo visitas inesperadas. La salsa se prepara en menos tiempo del que lleva hervir el agua y cocinar la pasta, pero los resultados son siempre impresionantes. Comienza a cocinar la salsa tan pronto como pongas a hervir el agua; es mejor que la salsa esté lista antes que la pasta y no al revés.

RINDE 4 A 6 PORCIONES

Sal kosher

1 lb. de espagueti u otro tipo de pasta larga

1 cda. de aceite de oliva

½ cebolla pequeña, amarilla o blanca, cortada en pedacitos

4 dientes de ajo, picaditos

2 ramitos de albahaca fresca, las hojas picadas

Pimienta negra molida al gusto

1 lata (4.5 oz.) de tomates enteros con su jugo

1 lata (8 oz.) de salsa de tomate

¼ tz. de queso parmesano-reggiano rallado (1 oz. aprox.), o al gusto, para servir

1 cdta. de hojuelas de pimiento rojo triturado, o al gusto, para servir

1. Pon a hervir agua con sal en una cacerola. Cocina los espagueti al dente, aproximadamente unos 8 minutos, o siguiendo las instrucciones del paquete.

2. Mientras tanto, en una sartén grande, calienta el aceite a fuego medio. Agrega la cebolla, el ajo, la mitad de la albahaca, una pizca de sal y otra de pimienta. Cocina, revolviendo de vez en cuando, hasta que la cebolla esté translúcida, alrededor de 5 minutos. Añade los tomates enteros y la salsa de tomate. Deja cocer a fuego bajo, mientras vas partiendo los tomates con una cuchara de cocina. Continúa la cocción a fuego bajo durante unos 4 minutos. Sazona con sal y pimienta al gusto.

3. Escurre la pasta y pásala a un tazón de servir. Vierte encima la salsa y agrega el resto de la albahaca menos un puñado pequeño. Mezcla hasta cubrir bien con la salsa de tomate. Echa por encima el resto de las hojas de albahaca, el queso parmesano y el pimiento rojo triturado. Sirve.

coles de bruselas asadas y picantes

Mi familia sabe que mi forma preferida de preparar las coles de Bruselas es asarlas (una de mis especialidades para el Día de Acción de Gracias), así que cuando mi hermana Emily descubrió en una revista una versión con kimchi me la envió en seguida. El kimchi, un elemento básico de la dieta coreana, a base de col fermentada picante, puede encontrarse en los principales supermercados o en establecimientos especializados en comida coreana. El sabor del plato ya terminado depende del tipo de kimchi, así que escoge uno que sea de tu agrado.

Si no te gusta el picante, sencillamente prescinde del kimchi. Las coles por sí solas quedarán con un rico sabor dulzón.

RINDE 4 PORCIONES

- 6 tz. de coles de Bruselas, sin los extremos, cortadas por la mitad a lo largo
- 3 cdas. de aceite de oliva

  Sal kosher y pimienta negra molida
- 1 frasco (16 oz.) de kimchi medianamente picante con su jugo

1. Precalienta el horno a 425° F.

2. Distribuye las coles de Bruselas en una bandeja de hornear con borde. Rocíalas con el aceite y sazónalas con sal y pimienta. Ásalas, dándolas vuelta una vez, hasta que se doren y se ablanden, aproximadamente unos 20 a 25 minutos.

3. Incorpora el kimchi y revuelve para que se combine. Regresa al horno y sigue asando hasta que el kimchi esté caliente, de 1 a 2 minutos. Sirve.

habichuelas verdes con ajo

De niña, una de mis labores caseras consistía en cortar las puntas de las habichuelas que cosechábamos en el huerto. Los cestos repletos de habichuelas me parecían interminables, y muchas veces me preguntaba si realmente era necesario remover algo tan simple como los extremos. Hoy por hoy, sencillamente aprecio la simpleza de la tarea. Me gustan tanto las habichuelas frescas que las extraño terriblemente cuando están fuera de temporada. Puedes cocinarlas todo el tiempo que desees; mientras más las cocines, más dulzonas quedarán.

RINDE 4 A 6 PORCIONES

Sal kosher al gusto

1½ lb. de habichuelas (vainitas), sin las puntas y cortadas a la mitad

3 cdas. de mantequilla sin sal

6 dientes de ajo, picaditos

1. Coloca agua helada en un tazón grande y pon a hervir agua con sal en una cacerola. Cuando hierva, echa las habichuelas y déjalas cocinar unos 30 segundos. Escurre las habichuelas e inmediatamente sumérgelas en el agua helada para interrumpir la cocción. Déjalas allí un par de minutos y luego escúrrelas bien.

2. En una sartén grande, calienta la mantequilla a fuego medio-bajo. Cuando se haya derretido, agrega el ajo y cocina, revolviendo de vez en cuando, hasta que se ablande, de 2 a 3 minutos. No dejes que se oscurezca demasiado. Incorpora las habichuelas y déjalas cocinar a fuego bajo hasta que se ablanden pero se conserven crujientes, de 10 a 12 minutos. Si te gustan más suaves como a mí, déjalas cocinar de 20 a 25 minutos. La sartén debe crepitar suavemente, pero no más que eso. Añade sal al gusto y sirve.

DE LA COCINA DE TÍA ELSA

Echar las habichuelas en agua hirviendo por menos de un minuto y luego sumergirlas en agua helada —lo que profesionalmente se conoce como blanquear— las conserva bien verdes y hermosas. Puedes saltarte este paso si no tienes tiempo.

puerros brasileros

Soy de la opinión de que la mayoría de las personas no aprecia el valor de los puerros y otras tantas hasta se sienten intimidadas por ellos. En muchas recetas y en los restaurantes se usan como base para añadir aroma y sabor, pero hasta que mi amigo brasilero Paolo me los dio a probar de esta forma, nunca los había visto como un plato acompañante. Los puerros pertenecen a la familia de las cebollas, y como con ellas, la cocción lenta resalta su sabor dulzón. En esta receta, la paciencia es esencial. Si los cocinas rápido y a fuego demasiado alto, se queman. La cocción a fuego lento hace que queden bien suavecitos y dulces. Me encanta servir estos puerros con platos como el *Filet mignon* con salsa balsámica dulce reducida (pág. 108) o la Falda de res con marinada de lima (pág. 105).

RINDE 4 A 6 PORCIONES

4 puerros (la parte blanca y verde clara)

4 a 6 cdas. de aceite de oliva

½ cda. de mantequilla sin sal

Sal kosher y pimienta negra molida al gusto

Salsa balsámica dulce reducida (pág. 165, opcional)

1. Recorta los extremos de los puerros y córtalos a la mitad, a lo largo. Lávalos con agua fría, abriendo bien las capas con los dedos para eliminar arena o suciedad. Sacude bien el exceso de agua, y con un cuchillo afilado, córtalos a lo largo en tiritas largas y finas.

2. En una sartén grande, calienta el aceite y la mantequilla. Cuando la mantequilla se derrita, incorpora las tiritas de puerro. Si no puedes echar todas a la vez, trabaja en tandas y usa tenazas de cocina para revolverlas suavemente, moviendo las tiritas del fondo hacia arriba una vez que se reduzcan de tamaño para que haya más espacio en la sartén.

3. Una vez que hayas incorporado todas las tiritas de puerro en la sartén, deja cocinar a fuego bajo, revolviendo de vez en cuando, hasta que estén lo suficientemente blandas como para poder enrollarlas con un tenedor como si fueran espagueti. Agrega más mantequilla o aceite si es necesario.

4. Sirve, rociando un poco de la salsa balsámica sobre cada porción, si deseas.

espárragos asados

Este es uno de los acompañantes que utilizo con más frecuencia para cenas importantes ya que es tan sofisticado como sencillo de preparar. De hecho, los preparo siempre que puedo, tenga invitados o no, porque los espárragos son mi verdura preferida. Si pudiera, los comería en el desayuno, el almuerzo y la cena.

El tiempo de cocción depende del grosor de los espárragos —algunos vienen delgaditos como un lápiz y otros súper gruesos. Cuando los puedas pinchar fácilmente con un tenedor, ya los puedes poner a asar hasta que adquieran un bonito tono dorado.

RINDE 6 A 8 PORCIONES

- 2 atados de espárragos (2 lbs. aprox.), con los extremos cortados
- 1 cda. de aceite de oliva
- Sal kosher al gusto

1. Coloca una parrilla a unas 6 pulgadas del asador (*broiler*) y precalienta el horno a 350° F.

2. Coloca los espárragos en un molde de hornear con borde. Vierte por encima el aceite de oliva y espolvorea con sal. Hornea hasta que estén tiernos al pincharlos con un tenedor, de 10 a 12 minutos, dependiendo del grosor de los espárragos. Pon el asador a temperatura alta y déjalos asar hasta que se doren en algunos puntos, de 3 a 4 minutos. Presta atención para que no se quemen. Sirve.

OTRA RAZÓN PARA VIVIR VERDE

Me encantan todos los vegetales, pero especialmente los verdes, por lo que los uso en muchas de mis recetas. Los espárragos, coles de Bruselas, brócoli, pimientos verdes y particularmente las verduras de hoja como la espinaca están llenos de antioxidantes y fibra —además de ser sabrosos.

---

calabaza de verano con queso parmesano

Cuando yo era niña, mi madre cocinaba calabacines muy frecuentemente porque crecían (en abundancia) en nuestro huerto. Admito que tuve que esforzarme para que llegaran a gustarme y ésta es una de las formas en que los prefiero. La cocción lenta y un toque de queso parmesano realzan el dulzor natural del calabacín. Y se ven bellísimos: el contraste entre el colorido verde y amarillo resalta en el plato de servir.

RINDE 4 A 6 PORCIONES

- 2 cdas. de aceite de oliva
- 1 cebolla blanca pequeña, cortada en pedacitos
- 2 calabazas de verano amarillas (1 lb. aprox.), cortadas en rueditas finas
- 2 calabacines verdes, medianos, (1 lb. aprox.), cortados en rueditas finas
- ½ cdta. de sal kosher, al gusto
- Pimienta negra molida al gusto
- ¼ tz. de queso parmesano rallado (1 oz. aprox.)

1. En una sartén grande con tapa ajustada, calienta el aceite a fuego medio. Agrega la cebolla y cocina, revolviendo de vez en cuando, hasta que esté suave y fragante, alrededor de 3 minutos.

2. Incorpora las rueditas de calabacín, de calabaza y la sal. Es posible que necesites que parte del calabacín y de la calabaza se cocinen un poco antes de añadir la totalidad a la sartén. Revuelve bien, tapa la sartén y deja cocer durante 10 minutos, revolviendo de vez en cuando. Revisa la textura. Si es necesario, tapa la sartén de nuevo y continúa la cocción unos minutos más.

3. Cuando la preparación alcance el punto deseado, retira del fuego y agrega sal y pimienta al gusto. Transfiere a una fuente de servir y espolvorea con el queso parmesano. Sirve.

hongos portobello

Los hongos portobello son tan carnosos y sabrosos que muchos de mis amigos vegetarianos los preparan como cocino bistec —a la parrilla y como plato principal. Por mi parte, me quedo con el bistec... y con los hongos portobello preparados como les indico aquí: de una manera muy simple para destacar sus cualidades naturales.

RINDE 4 PORCIONES

3 cdas. de mantequilla sin sal o aceite de oliva, o la cantidad necesaria para asar

4 sombrillas grandes de hongos portobello (unas 12 oz.), cortadas en rebanadas de ¾ de pulgada, o rebanadas de hongos portobello compradas en paquete

Sal kosher al gusto

1. Si vas a saltear los hongos, calienta la mantequilla o el aceite a fuego medio en una sartén grande. Agrega los hongos y déjalos cocinar hasta que se doren ligeramente, de 6 a 8 minutos. Dalos vuelta y dora el otro lado, de 6 a 8 minutos.

2. Si los vas a preparar a la parrilla, engrasa la parrilla con aceite en aerosol, o unta aceite de oliva con una brochita. Enciende la parrilla a temperatura media-alta. Distribuye encima las rebanadas de hongo y déjalas cocinar hasta que se suavicen y se marquen las barras de la parrilla, de 4 a 6 minutos por lado.

3. Espolvorea con sal y sirve.

puré de papas con ajo

Una mezcladora eléctrica te ayudará a preparar este puré de papas a toda velocidad. Se hace tan fácilmente que querrás prepararlo todas las noches. Asegúrate de que las papas queden un poco espesas. Si las mezclas demasiado se ponen pegajosas. Me encanta servir este puré acompañando a prácticamente cualquier plato, pero en especial a la Carne estilo pollo frito con salsa blanca (pág. 106). Queda tan rico que a menudo lo sirvo como aperitivo, en vasos de cóctel y espolvoreado con cebolleta fresca (*chives*) picadita.

RINDE UNAS 6 PORCIONES

4 papas rojas (*russet potatoes*) grandes, peladas (unas 3 lbs.), cortadas en cubitos de 2 pulgadas

2 cdas. de sal kosher

4 cdas. (½ barra) de mantequilla sin sal, o más al gusto

1 cabeza de ajo, dientes pelados y picaditos

½ tz. de leche tibia

Pimienta negra molida al gusto

1. Coloca las papas en una cacerola grande. Agrega sal y agua fría hasta que el nivel del agua quede a 1 pulgada por encima de las papas. Sube el fuego a alto, hasta que hierva. Reduce el fuego y hierve a fuego lento hasta que las papas se deshagan cuando las pinchas con un tenedor, de 10 a 15 minutos. Escúrrelas bien y transfiérelas al tazón de una mezcladora eléctrica de mesa con el dispositivo de batir instalado.

2. Mientras tanto, derrite 2 cucharadas de la mantequilla en una sartén a fuego medio-bajo. Agrega el ajo y fríe, revolviendo de vez en cuando, hasta que se suavice y se dore ligeramente, de 3 a 5 minutos. Añade la mezcla de ajo y mantequilla al tazón con la papas. Incorpora las 2 cucharadas restantes de mantequilla, la leche tibia y la pimienta. Mezcla a velocidad media-baja hasta que las papas estén cremosas pero todavía espesas, no más de 1 minuto. No mezcles las papas excesivamente para que no queden pegajosas. Sirve.

maíz veracruz

Con sólo un bocado te darás cuenta de por qué este maíz dulce y picante es uno de los platos más populares de mis restaurantes Beso. El humeante *Aioli* de chipotle (pág. 162) se creó especialmente para este plato y es el ingrediente imprescindible de la receta. Puedes agregarlo en gran cantidad, como hacen en el restaurante, o de forma ligera, como hago yo aquí, ¡pero no dejes de usarlo! Las tiritas de tortilla le añaden cuerpo y una textura crujiente. Para cocinar el maíz, ásalo o hiérvelo.

RINDE 4 PORCIONES

- 4 mazorcas de maíz, peladas
- Aceite vegetal en aerosol, si usas la parrilla
- 1 tz. de aceite vegetal, o más si es necesario
- 1 cdta. de aceite vegetal
- 5 tortillas de maíz, cortadas en tiras de ¼ de pulgada (opcional)
- ¼ tz. de cebolla roja, picada
- 2 pimientos jalapeños, sin tallo ni semillas, picados
- Sal kosher y pimienta negra molida
- 2 a 4 cdas. de *Aioli* de chipotle (pág. 162), o al gusto
- 1 tz. de queso fresco rallado o desmenuzado (4 oz. aprox.)

1. Si vas a asar el maíz, engrasa la parrilla con aceite en aerosol y caliéntala a temperatura media-alta. Unta el aceite sobre las mazorcas con una brocha y ponlas a la parrilla. Déjalas asar, dándolas vuelta, hasta que el maíz se cocine de forma pareja y se ponga color café en algunos puntos, de 5 a 7 minutos.

2. Si decides hervirlos, pon agua en una cacerola a fuego alto. Agrega las mazorcas, tapa y retira del fuego. Deja reposar de 3 a 5 minutos. Escurre bien.

3. Cuando las mazorcas se enfríen lo suficiente, corta los granos y deja aparte.

4. Si usas las tortillas, reviste una bandeja de hornear o un plato grande con toallas de papel. En una sartén grande, calienta una taza de aceite vegetal a fuego medio-alto hasta que se caliente, pero no humee. Agrega un puñado o dos de tiritas de tortilla —se pueden tocar pero no deben encimarse— y fríe hasta que tomen un ligero color café por los bordes, alrededor de 45 segundos. Transfiere las tiras a la bandeja forrada con toallas de papel, volteándolas y moviéndolas para que se tuerzan a medida que se enfrían y endurecen. Fríe las tiritas restantes, agregando más aceite si es necesario. Deja aparte.

(la receta continúa)

5. En una sartén pequeña, preferiblemente a prueba de horno, calienta 1 cucharadita de aceite a fuego medio. Agrega la cebolla y los jalapeños y fríe, revolviendo de vez en cuando, hasta que se ablanden y suelten su aroma, de 2 a 3 minutos. Incorpora el maíz y las tortillas si las usas, y revuelve para que se calienten completamente. Agrega una pizca de sal y de pimienta, o al gusto. Si es necesario, transfiere a un molde a prueba de horno.

6. Vierte por encima el *aioli* y espolvorea el queso.

7. Pon el molde sobre la parrilla y deja cocinar hasta que el plato se dore y burbujee, unos 5 minutos. Vigila la cocción para que no se queme. Sirve.

QUESO FRESCO

El queso fresco es un tipo de queso salado y de sabor suave que se usa ampliamente en la cocina mexicana. Su textura permite desmenuzarlo. Algunas marcas son más fáciles de deshacer con las manos que rallarlas. Cuando se espolvorea sobre alimentos calientes se suaviza maravillosamente. Se consigue fácilmente en el mercado, de hecho, en los supermercados latinos seguramente tendrán más de una marca. Prueba hasta que descubras la que más te gusta. Mi favorita es la marca Cacique Ranchero. Si lo envuelves bien, el queso fresco se conserva hasta 2 semanas en el refrigerador.

plátanos fritos

Esta es la mejor forma que conozco de preparar plátanos maduros, un clásico plato caribeño que se sirve con la Ropa vieja cubana (pág. 113). Los plátanos maduros son tan dulces que se pueden preparar de esta manera y servir sobre helado de vainilla. Pero no te dejes intimidar por su dulzura. Lo dulce a menudo complementa el sabor intenso, y por eso, estos plátanos quedan fabulosos con guisados espesos o carne roja a la parrilla. Si los plátanos están ya muy suaves, hay que cortarlos en ruedas más gruesas; se freirán más rápidamente porque contienen más azúcar, que se carameliza enseguida.

RINDE 4 A 6 PORCIONES

5 plátanos bien maduros (la cáscara negra sin puntos amarillos)

½ tz. de aceite vegetal, o más si es necesario

Sal kosher al gusto

1. Usa un cuchillo afilado para eliminar ambas puntas de cada plátano. Corre la punta del cuchillo a lo largo del plátano de 2 a 3 veces, cortando sólo la cáscara. Retira la cáscara. Rebana los plátanos pelados en ruedas gruesas cortadas en diagonal.

2. Reviste una fuente grande con toallas de papel. En una sartén grande, calienta el aceite a fuego medio hasta que esté bien caliente pero no humee. Agrega ruedas de plátano hasta llenar la sartén sin sobrecargarla. Fríe hasta que se doren, de 3 a 4 minutos. Ajusta el calor si es necesario de forma que el aceite burbujee alrededor de los plátanos. Dalos vuelta y déjalos dorar por el otro lado. Transfiere a la bandeja para que escurran e inmediatamente espolvoréalos con sal al gusto. Repite hasta que todos los plátanos estén fritos y salados. Agrega más aceite a la sartén si es necesario. Sirve caliente.

DE LA COCINA DE TÍA ELSA

Puede resultar difícil encontrar plátanos con la cáscara ya negra en el mercado, porque cuando llegan a este punto, les queda muy poco tiempo de venta. Es mejor comprarlos cuando todavía están un poco amarillos y dejar que se maduren bien en casa. Guárdalos en una bolsa de papel madera para acelerar el proceso de maduración.

berenjena a la parmesana

Aprendí a preparar este plato para poder invitar a cenar una buena amiga vegetariana, Lake Bell. Cuando no tengo vegetarianos entre mis invitados, lo sirvo como acompañante, pero hasta mis amigos amantes de la carne a veces lo prefieren como plato principal con una ensalada de lechuga romana y Aderezo francés blanco al estilo Grey Moss Inn (pág. 160).

RINDE 6 A 8 PORCIONES

- ½ tz. de aceite vegetal, o más si es necesario
- 1 berenjena grande (1½ lb. aprox.)
- 2 huevos grandes
- ½ tz. de pan rallado estilo italiano
- 1¼ tz. de queso parmesano rallado
- 4 tz. de Salsa boloñesa (pág. 111), o 1 frasco (26 oz.) comprado de salsa boloñesa, o marinara (opción vegetariana)
- 8 oz. de queso mozzarella, en rodajas bien finas

1. Precalienta el horno a 350° F. Engrasa con aceite vegetal un molde de hornear de 9 x 13 pulgadas.

2. Lava la berenjena, pero no la peles. Corta, a lo ancho, ruedas de ¼ de pulgada. En un plato llano bate ligeramente los huevos. En otro plato llano combina el pan rallado con ½ taza de queso parmesano y revuelve con un tenedor hasta que se mezclen bien.

3. Pasa una rueda de berenjena a la vez por el huevo batido, hasta cubrir ambos lados. Deja que el exceso de huevo se escurra. Luego pasa cada rueda por la mezcla de pan, cubriendo ambos lados. Transfiérelas a una fuente o bandeja de hornear.

4. Reviste una bandeja de hornear con toallas de papel. En una sartén grande, calienta 2 cucharadas de aceite a fuego medio-alto y deja que se caliente pero no humee. Agrega tantas ruedas de berenjena como quepan en una sola capa, sin sobrecargar la sartén. Fríe hasta que se doren y queden crujientes, de 1 a 2 minutos por lado. Transfiere las ruedas de berenjena a la bandeja ya preparada. Repite con las ruedas restantes, agregando aceite si es necesario.

5. Mientras tanto, vierte la salsa boloñesa en una cacerola pequeña. Si usas salsa comprada, agrégale un poco de agua al frasco. Tápalo y bate para desprender la salsa que haya quedado adherida al frasco. Vierte la salsa en la cacerola. Deja que se caliente a fuego medio hasta que comience a hervir. Tapa y mantenla caliente.

6. Distribuye la mitad de las ruedas de berenjena en el molde de hornear ya preparado. Vierte por encima la mitad de la salsa caliente. Coloca por encima las rodajas de mozzarella y espolvoréalas con la mitad del queso parmesano restante. Entonces, coloca una nueva capa de ruedas de berenjena, las más parejas, y cubre con el resto de la salsa, las rodajas de mozzarella y el parmesano.

7. Hornea, sin tapar, hasta que el queso se derrita y se dore ligeramente, de 25 a 30 minutos. Deja reposar 5 minutos antes de servir.

DE LA COCINA DE TÍA ELSA

Para una bonita presentación, reserva la mitad de las ruedas de berenjena (las de tamaño más parejo) para la capa superior. Usa el resto para la capa inferior, que no se ve.

UNA CARTA DE AMOR

Una de mis mayores alegrías es una hermosa y bien organizada sección de verduras y frutas frescas en la que todo está en su lugar. Permítanme dedicar unos minutos a escribir una carta de amor a todos los gerentes de supermercado que supervisan estas secciones. Agradezco inmensamente que todos los letreros estén visibles y en el lugar preciso, permitiéndome localizar con facilidad un ingrediente poco conocido. Otras personas deben haber tenido una experiencia similar a la mía, la primera vez que fui a la tienda a comprar ruibarbo para hacer el Pastel de fresa y ruibarbo (pág. 198). Como soy de Texas, no tenía ni idea de cómo lucía el ruibarbo o dónde empezar a buscarlo. No sabía si era una fruta o verdura, grande o pequeño, verde, rosado ¡o azul! Al final, le pregunté a alguien. ¡No tengas miedo de preguntar! Los empleados que trabajan en esa sección están ahí precisamente para ayudar. No solamente saben dónde está cada cosa, también saben lo que van a sacar del almacén o la mercancía que llegará al día siguiente. No hay nada más frustrante que ver una sección de productos agrícolas en desorden en la que los empleados están más confundidos que los clientes. Por favor, gerentes de la sección agrícola con vocación de servicio, recuerden que estos alimentos fueron cultivados y cosechados por seres humanos y es vital que sean tratados con el respeto que merece la ardua labor que los hizo realidad.

salsas y aderezos

A nadie de mi familia se le hubiera ocurrido nunca comprar algo que se pudiera preparar de forma fácil y económica en casa. Todavía recuerdo a mi abuela añadiendo sabor a los ingredientes de una ensalada verde con un poco de aceite vegetal y vinagre blanco, y una pizca de sal. También recuerdo que las ensaladas de la abuela eran las mejores que he probado en mi vida. Cuando aprendí a preparar mis propios aderezos en casa me di cuenta de que, especialmente cuando experimentaba con algo más que el simple aceite vegetal y vinagre blanco, tenían mejor sabor que cualquier otro que pudiera comprar. Una gran ventaja de los aderezos es que, como se conservan bien, se puede preparar una cantidad suficiente para la ensalada del día y guardar el resto para usar durante la semana o incluso para marinar carnes.

Las salsas, por el contrario, nunca formaron parte de mi cultura culinaria. ¡Mi padre ni siquiera nos permitía echarle *ketchup* a las papas fritas! Ya de adulta, pasé muchos años creyendo que las salsas eran pesadas y le restaban sabor al alimento que acompañaban.

Sin embargo, viajando y comiendo por Europa, aprendí que en lugar de disfrazar el sabor, las buenas salsas pueden resaltar el gusto del plato que acompañan. Con el tiempo, descubrí o desarrollé por cuenta propia las recetas de este capítulo. Pueden servirse con vegetales, pescado, pollo o carne. Y, aunque no baño todo lo que como en salsa, en la actualidad me encanta prepararlas, saborearlas... ¡y hasta como mis papitas con *ketchup*!

---

vinagreta balsámica

aderezo de ajo y limón

aderezo francés blanco al estilo grey moss inn

aderezo de suero de leche

aioli de chipotle

salsa para carne a la parrilla

salsa barbacoa

salsa balsámica dulce reducida

salsa de ajo y cítricos

salsa de mantequilla y limón

salsa de vino y hongos

vinagreta balsámica

Esta vinagreta resulta excelente con cualquier tipo de ensalada verde. A mí me gusta especialmente con vegetales de hojas delicadas como la lechuga francesa (*butterhead*) u hoja de roble (*oak leaf*). Aquí el ingrediente estrella es el vinagre balsámico, que le da el toque agridulce, así que escoge uno de buena calidad.

RINDE 1 TAZA APROX.

- 6 cdas. de vinagre balsámico
- 2 chalotes pequeños, picados
- Sal kosher y pimienta negra molida, al gusto
- ⅔ tz. de aceite de oliva extra virgen

1. En un tazón pequeño, bate el vinagre, los chalotes, la sal y la pimienta. Sin dejar de batir, ve agregando el aceite poco a poco. Mezcla todo bien.

2. Sirve la vinagreta inmediatamente, o refrigérala en un recipiente hermético. Se conservará durante 1 semana.

aderezo de ajo y limón

Pocos ingredientes tienen el poder de despertar el paladar como el jugo fresco de limón. Este aderezo tiene un sabor puro y fresco, perfecto para acompañar una ensalada ligera de hojas verdes. También dispone de otras propiedades mágicas: ¡es el único aderezo capaz de lograr que mis sobrinas coman ensalada! Además, puede usarse como marinada para cocinar pollo, cerdo o camarones a la parrilla.

RINDE 1 TAZA APROX.

- Jugo de 4 limones pequeños (½ tz. aprox.)
- 2 cdtas. de vinagre blanco destilado
- 2 cdtas. de mostaza Dijon
- 2 dientes de ajo, picados
- Sal kosher y pimienta negra molida, al gusto
- ¾ tz. de aceite de oliva extra virgen

1. En un tazón mediano, bate el jugo de limón, el vinagre, la mostaza, el ajo, la sal y la pimienta hasta que todos los ingredientes se combinen bien. Sin dejar de batir, agrega el aceite en un chorro lento pero continuo y mezcla hasta que todo esté completamente unido.

2. Usa de inmediato o guarda en un recipiente hermético en el refrigerador. Se conservará durante 1 semana.

aderezo francés blanco al estilo grey moss inn

Tengo la suerte de vivir cerca del Grey Moss Inn, uno de los restaurantes más hermosos de San Antonio y que, además, tiene la mejor lista de vinos de la zona. Me encanta comer allí siempre que puedo, y este aderezo es una de las razones. Cuando lo probé por primera vez, otra vez tuve que ir a la cocina y pedirle la receta al chef, quien gentilmente la compartió conmigo. Pruébalo mezclado con lechuga romana, o sobre espárragos (pág. 145), tomates o habichuelas verdes al vapor.

**RINDE UNAS
1¾ TAZAS**

- 1 cebolla blanca grande, cortada en cuartos
- 6 dientes de ajo pequeños
- ¼ tz. de mayonesa
- Jugo de dos limas (¼ tz. aprox.)
- 3 cdas. de vinagre de vino tinto
- ½ cdta. de sal kosher
- ½ cdta. de pimienta negra molida

1. Echa la cebolla y el ajo en el recipiente de una procesadora de alimentos. Procésalos hasta hacerlos puré, raspando los lados del recipiente una o dos veces. Transfiere la mezcla a un tazón mediano, y añade la mayonesa, el jugo de lima, el vinagre, la sal y la pimienta. Bate con una cuchara hasta que todos los ingredientes se mezclen completamente.

2. Sirve el aderezo de inmediato, o guárdalo en un recipiente hermético en el refrigerador. Se conservará durante 1 semana.

aderezo de suero de leche

Este aderezo dulce y aromático tiene una gran textura y un sabor intenso. Resulta delicioso con verduras más fuertes como la espinaca *baby* y la lechuga romana. También resulta excelente como condimento en un emparedado, o salpicado sobre pollo a la parrilla.

RINDE UNAS 2 TAZAS

- ½ tz. de aceite de oliva extra virgen
- ½ tz. de mayonesa baja en grasa
- ½ tz. de suero de leche (*buttermilk*)
- 2 cdas. de mostaza granulada, como la *moutarde de Meaux*
- 2 cdas. de vinagre de vino tinto
- 1 cdta. de azúcar
- 2 cdas. de alcaparras, lavadas y cortadas en trocitos
- 2 cdas. de chalotes picados
- 2 cdtas. de orégano fresco cortado en trocitos
- 1 cdta. de albahaca fresca cortada en trocitos
- 1 cdta. de estragón cortado en trocitos
- Sal kosher, al gusto
- Salsa de pimiento rojo picante, al gusto

1. En un recipiente mediano, bate el aceite de oliva, la mayonesa, el suero de leche, la mostaza, el vinagre, la azúcar, las alcaparras, los chalotes, el orégano, la albahaca y el estragón hasta que se unan. Agrega la sal y la salsa de pimiento al gusto.

2. Usa el aderezo de inmediato o guárdalo en un recipiente hermético en el refrigerador. Se conservará hasta 1 semana.

DE LA COCINA DE TÍA ELSA

Para almacenar hierbas frescas, colócalas en una bolsa de plástico tipo *zip-lock* con una hoja de toalla de papel húmeda. Sella la bolsa y guárdala en el cajón para verduras del refrigerador. La humedad ayudará a mantenerlas frescas por más tiempo.

aioli de chipotle

Los chipotles en adobo son jalapeños ahumados en salsa de tomate sazonada y se venden enlatados en la mayoría de los supermercados. Al preparar esta receta, te parecerá que no va a quedar bien con tan poca cantidad en la procesadora de alimentos, pero una vez que agregues el aceite, verás. Lo más importante es que añadas el aceite muy lentamente, al principio sólo unas gotas. Si agregas mucho aceite de una vez, la salsa se separará, y tendrás que empezar de nuevo. Este *aioli* ahumado bien vale el esfuerzo: el delicioso Maíz Veracruz (pág. 151) depende de él. O prueba a servirlo sobre Flautas (pág. 93) en sustitución de la salsa de aguacate y tomatillo.

RINDE ½ TAZA APROX.

- 1 yema de huevo grande
- 1 cdta. de mostaza Dijon
- 2 cdtas. de jugo fresco de limón
- 1 diente de ajo pequeño, bien picadito
- ½ tz. de aceite de canola
- 2 cdtas. de chipotles en adobo, bien picaditos
- Sal kosher al gusto

1. Vierte la yema de huevo, la mostaza, el jugo de limón, y el ajo en el tazón de una procesadora de alimentos. Procesa hasta que los ingredientes se mezclen. Con la procesadora encendida, ve agregando el aceite, unas pocas gotas a la vez. Cuando la mezcla comience a adquirir la consistencia de mayonesa (tomará tiempo ya que estás agregando el aceite muy lentamente), vierte el aceite restante muy despacio en un chorro fino.

2. Si preparas el *aioli* para acompañar el Maíz Veracruz o una ensalada, dilúyelo, en caso necesario, agregándole una cucharada de agua a la vez hasta que la consistencia se afine y se pueda verter. Si lo vas a untar o esparcir directamente sobre el alimento, no necesitas diluirlo.

3. Agrega los chipotles y procesa hasta que todo se una bien. Añade unas pizcas de sal al gusto. Usa el *aioli* de inmediato, o guárdalo en un recipiente hermético en el refrigerador. Se conservará de 2 a 3 días.

DE LA COCINA DE TÍA ELSA

No es común utilizar una lata completa de chipotles en adobo en una sola receta, pero si dejas la lata en el refrigerador por mucho tiempo, adquirirán un desagradable sabor metálico. Para guardarlos haz lo siguiente: coloca uno o dos chipotles y una cucharada de la salsa en una bolsita plástica tipo *zip-lock* pequeña y guárdala en el congelador. Así podrás sacar y usar solamente la cantidad necesaria.

salsa para carne a la parrilla

Siempre tengo estos ingredientes a mano, por lo que esta salsa es muy fácil de preparar en sólo minutos para agregarle un rico sabor a los bistecs o costillas a la parrilla. Cuando tengo tiempo, la preparo con una o dos horas de anticipación. Uso la mitad para marinar la carne y el resto para untarla con una brocha mientras se cocina a la parrilla.

RINDE ⅔ DE TAZA

- ¼ tz. de aceite de oliva
- 2 cdas. de salsa Worcestershire
- 2 cdas. de salsa de soya
- 2 cdas. de *ketchup*
- ¾ cdta. de azúcar
- ¾ cdta. de sal kosher

1. En un tazón pequeño, mezcla el aceite, la salsa Worcestershire, la salsa de soya, el *ketchup*, la azúcar y la sal. Aplica la salsa con frecuencia sobre la carne con una brocha mientras se cocina a la parrilla.

2. Usa de inmediato o refrigera en un recipiente hermético. Se conservará hasta 1 semana.

salsa barbacoa

Mi hermana Esmeralda utiliza esta receta en su excelente Pizza de pollo a la barbacoa (pág. 91) aunque también es ideal para untarla sobre hamburguesas a la parrilla. El condimento para barbacoa en polvo se consigue en la sección de hierbas aromáticas del supermercado.

RINDE ½ TAZA

- ½ tz. de *ketchup*
- 1 cdta. de vinagre destilado
- 1 diente de ajo, aplastado, o ½ cda. de ajo en polvo
- 1½ cdtas. de condimento para barbacoa en polvo (*barbecue seasoning*)

1. Vierte el *ketchup*, el vinagre, el ajo y el condimento para barbacoa en un tazón pequeño. Revuelve hasta que todos los ingredientes se mezclen bien.

2. Usa de inmediato o refrigera en un recipiente hermético. Se conservará hasta 1 semana.

salsa balsámica dulce reducida

Esta receta ofrece un maravilloso condimento agridulce con toques de sabor a melaza. Dura por lo menos dos semanas en el refrigerador y logra un sorprendente efecto si se vierte sobre ingredientes cremosos y suaves como ruedas de aguacate o queso de cabra untado sobre galletitas. También queda muy bien con *Filet mignon* (pág. 108) o los Puerros brasileros (pág. 142).

RINDE 3 A 4 CUCHARADAS

- ½ tz. de vinagre balsámico de buena calidad
- 5 cdtas. de azúcar

1. Vierte el vinagre balsámico y la azúcar en una cacerola pequeña. Calienta sobre fuego medio y revuelve hasta que la azúcar se disuelva. Deja que hierva a fuego bajo, más o menos 10 minutos, hasta que el vinagre se reduzca a 3 ó 4 cucharadas, tenga la consistencia de miel calentada y adquiera un rico sabor caramelizado y agridulce.

2. Sirve tibia o a temperatura ambiente. Si la guardas en un recipiente hermético en el refrigerador, se conservará hasta 2 semanas.

salsa de ajo y cítricos

RINDE ½ TAZA

- 3 cdas. de mantequilla sin sal
- 4 dientes de ajo, bien picaditos
- Cáscara rallada de 1 limón
- Cáscara rallada de 1 lima
- Jugo de 2 limones pequeños (4 cdas. aprox.)
- Jugo de 1 lima pequeña (2 cdas. aprox.)
- Sal kosher al gusto
- 3 cdas. de albahaca fresca picada

Esta fabulosa salsa de cítricos se prepara en minutos. Resulta una elegante adición para realzar cualquier tipo de pescado, o si quieres, puedes probarla con trocitos de pollo.

1. En una sartén pequeña, derrite la mantequilla a fuego medio. Añade el ajo y deja cocinar, revolviendo, hasta sentir la fragancia del ajo, unos 30 segundos.

2. Agrega las cáscaras ralladas, el jugo de lima y limón, y una pizca de sal. Cocina alrededor de 1 a 2 minutos.

3. Incorpora los trocitos de albahaca y cocina 1 minuto más. Retira del calor y sirve sobre pescado o pollo.

salsa de mantequilla y limón

Probé esta salsa por primera vez en Normandía, Francia. La sirvieron sobre filete de lenguado (pág. 70) y al terminar mi plato me fui directamente a la pequeña cocina del restaurante, donde el chef animadamente me describió el método por señas y tomé nota de lo que pude entender. El éxito de esta receta depende del uso de la mantequilla de Normandía o de Europa bien fría. Créeme, he probado con mantequilla corriente del supermercado y no es lo mismo. La salsa resulta excelente sobre pescado de masa delicada y plana o sobre salmón robusto.

RINDE ½ TAZA

- 2 cdas. de jugo fresco de limón (de 1 limón pequeño)
- 8 cdas. de mantequilla de Normandía sin sal, fría y cortada en 8 pedazos iguales

1. Vierte el jugo de limón en una sartén pequeña y déjalo hervir a fuego medio. Revolviendo constantemente, añade la mantequilla 1 cucharada a la vez (asegúrate de que la mantequilla esté bien fría). Espera a que cada cucharada se derrita completamente antes de agregar la próxima. De lo contrario, la salsa se separará y se verá como mantequilla derretida.

2. Cuando hayas incorporado toda la mantequilla, apaga el fuego y vierte en una taza de medir de cristal o en un tazón para servir salsas. Sírvela tibia.

salsa de vino y hongos

Esta intensa salsa tiene un delicioso sabor y una rica textura. Busco cualquier excusa para servirla a menudo, sobre pollo (pág. 83), con *filet mignon* (pág. 108) o bistec. Esta es una de las salsas que sí me gusta comer en abundancia, por lo que esta receta rinde una generosa cantidad. Vierte una cucharada en cada plato y lleva el resto a la mesa.

RINDE UNAS 2 TAZAS

- 1 cda. de mantequilla sin sal
- 2 cdas. de aceite de oliva
- ½ lb. de hongos shiitake frescos, sin los tallos y ligeramente picados
- 2 chalotes grandes (4 oz. aprox.) picados
- Sal kosher y pimienta negra molida
- 1½ tz. de vino tinto seco
- 1¼ tz. de Caldo de carne (pág. 114), o caldo de carne comprado bajo en sodio
- 1 cda. de salsa de soya baja en sodio
- 1 cda. de salsa Worcestershire
- 2 cdtas. de maicena (*cornstarch*)
- 1 cda. de hojas de tomillo fresco, picadas

1. Pon la mantequilla a derretir en una sartén a fuego medio, y añade el aceite de oliva. Incorpora los hongos, los chalotes y una pizca de sal y de pimienta. Cocina, revolviendo, hasta que se ablanden, unos 4 minutos.

2. Agrega 1 taza de vino y ¾ de taza del caldo y deja que la mezcla hierva. Reduce el fuego y cocina a fuego bajo, revolviendo con frecuencia, unos 5 minutos.

3. Usa una espumadera para transferir los hongos a un tazón pequeño. Aumenta el calor a nivel alto y deja que la mezcla de vino hierva hasta que se reduzca a una ½ taza, unos 10 a 15 minutos.

4. Combina la salsa de soya, la salsa Worcestershire y la maicena en un tazón pequeño. Revuelve bien hasta que la maicena se disuelva. Incorpora lo anterior a la mezcla de vino junto con la ½ taza de vino y la ½ taza de caldo restantes. Pon todo a hervir y cocina a fuego bajo durante unos 3 minutos.

5. Incorpora los hongos y el tomillo picadito a la mezcla de la sartén y deja hervir durante 1 minuto, revolviendo constantemente hasta que la salsa se espese. Retira del fuego y sirve. Puedes refrigerarla en un recipiente hermético hasta 1 semana.

tortillas, galletas y panes rápidos

Las tortillas son, para mi familia de ascendencia mexicana, lo que el pan de molde es para la mayoría de las familias norteamericanas: indispensables. Yo tomaba el autobús escolar cada mañana frente a la casa de mi Tía Edna. Y todos los días, ella nos preparaba tortillas frescas untadas con mantequilla para llevar a la escuela. Pueden imaginarse el ridículo que tuve que soportar, al ser una de las pocas mexicanas en esa escuela, subiendo al autobús con una tortilla en la mano. ¡Era como llevar puesto un sombrero charro! Pero no me importaba. Esas tortillas eran la razón por la que me levantaba cada mañana. Hasta el día de hoy se me hace agua la boca al recordarlas. Lo cierto es que Tía Edna hacía las mejores tortillas de la familia, aunque nunca tuvo la satisfacción de oírlo, porque tanto mi madre como el resto de mis tías se hubieran puesto furiosas. Pero todos lo sabíamos, así que le supliqué que me enseñara a prepararlas. En la actualidad me encanta preparar las Tortillas de harina de Tía Edna (pág. 171) para mi familia y amistades.

La otra receta de tortillas incluida en este capítulo es la de tortillas de maíz, una tradición mucho más antigua (las tortillas de maíz ya existían en el Nuevo Mundo miles de años antes de la llegada de los europeos). Este capítulo también contiene otros clásicos de origen más reciente. El recetario de una cocinera sureña no estaría completo sin las probadas recetas de galletas o pan de maíz. Y por último, en una casa como la mía en la que nunca se desperdiciaba nada, el delicioso aroma del pan dulce horneándose era un indicio de que un ramo de plátanos había madurado demasiado o la cosecha de calabazas había excedido la capacidad de nuestra alacena.

---

tortillas de harina de tía edna

tortillas de maíz

bizcochos de leche de tía elsa

pan de banana

pan de calabaza

pan de maíz

tortillas de harina de tía edna

Existen tantos estilos diferentes de tortillas como regiones del mundo en las que se consumen. Las que yo preparo son como las que comía de niña en la cocina de Tía Edna: ¡gruesas, esponjosas y adictivas! La masa permite prepararlas de la forma que desees: pequeñas o grandes, gruesas o delgadas. Con la práctica te convertirás en una línea de ensamblaje de una sola persona: cocinarás una tortilla con una mano mientras pasas el rodillo sobre la masa con la otra.

    Nada mejor que estas tortillas para comer con la salsa de la Carne guisada de Tía Didi (pág. 107). Y qué rico comerlas tibias, recién sacadas del comal (plancha plana, pág. 173) y untadas con mantequilla. Todavía me encanta comerlas con el desayuno.

RINDE 12 TORTILLAS PEQUEÑAS U 8 GRANDES

- 2½ tz. de harina para todo uso, más una cantidad extra para amasar y aplastar la masa
- 1 cdta. de sal de mesa
- 1 cda. de polvo de hornear
- ⅓ tz. de manteca (*shortening*), fría y cortada en trocitos
- ¾ tz. de agua caliente, más si es necesario

1. Vierte la harina, la sal y el polvo de hornear en un tazón grande. Mezcla hasta que los ingredientes se unan bien. Incorpora la grasa, y mezcla con los dedos o una espátula hasta que la masa tenga la textura de la harina gruesa.

2. Agrega el agua lentamente, mezclándola con los dedos un poco a la vez. Pasa la masa a una superficie plana y amásala hasta que se ablande, de 3 a 4 minutos. Coloca la masa en un recipiente grande, cubre con un paño de cocina y deja reposar durante 20 minutos.

3. Divide la masa en porciones iguales y dale forma de pelota a cada porción. Coloca las pelotas de masa sobre una fuente o bandeja de hornear. Cubre con un paño de cocina y deja reposar por otros 20 minutos.

4. En una superficie ligeramente enharinada, utiliza un rodillo (palota), para aplanar cada pelota en un círculo de masa plano y parejo. Para que queden gruesas y masticables, dales un grosor de ⅛ de pulgadas más o menos, o aplánalas con el rodillo tan delgaditas como prefieras. Es más importante que el grosor quede parejo a que el borde sea un círculo perfecto, pero existe un método para obtener una nítida forma redonda: coloca la pelota de masa en la superficie enharinada frente a ti y aplástala ligeramente con la palma de la mano o el rodillo. Coloca el rodillo en el centro del círculo y ruédalo una vez hacia arriba y entonces ruédalo hacia abajo. No dejes que el rodillo se

(la receta continúa)

pase del borde de la masa. Levanta el círculo y dale un cuarto de vuelta. Repite pasando el rodillo hacia arriba y hacia abajo sin pasarte del borde del círculo, rotando la masa un cuarto de vuelta a la vez hasta que alcance el tamaño y grosor que desees. Coloca la tortilla en una bandeja de hornear o fuente grande y cubre con un paño húmedo mientras amasas el resto de las tortillas. Una vez que te acostumbres, podrás aplanar la masa y cocinar las tortillas al mismo tiempo.

5. Calienta un comal a fuego medio. Coloca una tortilla en el comal y cocínala hasta que el reverso de la masa tenga manchas de color café, la tortilla se levante ligeramente y la superficie se marque con burbujas de aire, aproximadamente de 1 a 1½ minutos. Da vuelta la tortilla y cocina hasta que aparezcan puntos café por ese lado (usualmente donde brotaron las burbujas), de 1 a 1½ minutos. Para obtener el resultado mejor, no voltees la tortilla más de una vez. Transfiere la tortilla a un calentador de tortillas o colócala en una fuente, tapando con un paño de tela mientras cocinas el resto. Sírvelas tibias.

DE LA COCINA DE TÍA ELSA

Trata de darles la vuelta una vez nada más. Las tortillas se endurecen si las volteas varias veces. Envueltas bien, las tortillas de harina se conservarán unos días en el refrigerador. Recaliéntalas en el comal justo antes de servir.

UTENSILIOS ESENCIALES PARA LAS TORTILLAS: PRENSA, COMAL Y CALENTADOR

La prensa para tortillas es fundamental para preparar las Tortillas de maíz (pág. 174) y los Tostones (pág. 34). Está compuesta por dos platos redondos y pesados. Uno se asienta firmemente sobre el mostrador de cocina mientras que el otro, unido al primero mediante una bisagra, se empuja sobre éste usando el asa como palanca. Se trata de un sencillo diseño que no ha cambiado con la aparición de nuevas tecnologías. Compra el más pesado que encuentres. A mí me gustan los de hierro fundido ya que su peso ayuda a ejercer más presión. No compres prensas eléctricas ni de materiales antiadherentes. Asegúrate de forrar ambos lados de la prensa con papel encerado o papel plástico para evitar que la tortilla se pegue. Puedes encontrar las prensas para tortillas en tiendas de utensilios de cocina o en línea, pero a menudo puedes encontrarlas a precios reducidos en supermercados hispanos.

El comal es una plancha pesada y plana —de nuevo, prefiero los de hierro forjado— esencial para cocinar tortillas. Lo encontrarás con facilidad y a precio razonable en tiendas de utensilios de cocina. Es una inversión buena. Su resistencia le permitirá durar décadas y te ayudará a cocinar carnes, quesadillas, *panini* y emparedados de queso derretido a la parrilla.

A diferencia de la prensa y el comal, el calentador de tortillas con tapa no es indispensable para hacer las mejores tortillas. Una vez cocinadas, puedes colocarlas sobre un plato y cubrirlas con una servilleta o paño de cocina limpio. Pero los calentadores de tortilla resultan divertidos y a menudo son hermosos. Me encanta coleccionarlos por lo que tengo una gran variedad de calentadores, hechos de tela, cerámica, arcilla y porcelana. Me encanta presentar todo lo que cocino de forma atractiva, y los calentadores de tortilla se ven encantadores sobre la mesa.

tortillas de maíz

La tortilla de maíz se preparó por primera vez hace miles de años. En la actualidad, usualmente se comienza con la masa harina, un ingrediente que se obtiene al secar y moler la masa de maíz fresco. Con un sabor intenso y dulzón, las tortillas de maíz son muy diferentes a las que se compran ya hechas. Cuando destapas el calentador de tortillas o retiras el paño que las cubre, el aire se llena de aroma a maíz. Sirve estas tortillas con Tacos de carne de falda untados con chile (pág. 102), o úsalas en cualquier receta que lleve tortillas de maíz.

**RINDE UNAS
16 TORTILLAS**

2 tz. de masa harina

¼ cdta. de sal de mesa

1½ tz. de agua caliente, más si es necesario

1. Coloca la masa harina, la sal y el agua caliente en un tazón grande. Mezcla con las manos o con una cuchara hasta que se forme una masa suave pero no pegajosa, unos 2 minutos. Si la mezcla parece muy seca cuando la aprietas con la mano, añade agua, una cucharada a la vez.

2. Saca porciones de masa y dales forma redonda del tamaño de una pelota de ping-pong. Coloca las pelotitas de masa sobre una bandeja de hornear o una fuente grande. Tápalas con una servilleta o paño húmedo para que la masa se mantenga húmeda.

3. Forra los platos de la prensa de tortilla con papel plástico y colócala al lado del fogón.

4. Precalienta un comal, sartén o plancha a fuego medio hasta que se caliente.

5. Coloca una pelota de masa a la vez en la prensa. Usa el asa para presionar y aplastar la masa hasta obtener un círculo de 5 a 6 pulgadas de diámetro. Abre la prensa y retira el círculo de masa.

6. Coloca la tortilla en la plancha y cocínala hasta que el reverso se dore en algunos puntos, alrededor de 1 minuto. Dala vuelta y cocina el otro lado durante 1 minuto. La tortilla debe levantarse un poco en el centro.

7. Transfiérela a una cesta forrada con tela o un paño de cocina y sigue presionando y cocinando tortillas, colocándolas unas sobre otras y manteniéndolas tapadas. Sírvelas tibiecitas.

bizcochos de leche de tía elsa

Tía Elsa guardaba siempre un enorme recipiente con masa para galletas en el congelador, así que cuando quería galletas, sacaba unas tazas de la mezcla, le agregaba agua o suero de leche y las horneaba en pocos minutos. De niña, me parecía cosa de magia. Ya de adulta, cuando mi tía me regaló mi primer recipiente lleno de masa, me di cuenta de que el polvo mágico era en realidad ¡su propia versión de la masa instantánea para galletas! Algunas veces, preparo una gran cantidad (de 3 a 4 veces la receta) y la guardo en el congelador para poder hornear también galletas mágicas en sólo minutos. Suaves y esponjosas, saben mejor cuando acaban de salir del horno. No se conservan bien, ¡pero casi nunca me sobran!

**RINDE UNAS
2 DOCENAS**

- 5 tz. de harina para todo uso, más para amasar
- 3 cdas. de polvo de hornear
- 1 cda. colmada de azúcar
- 1 cdta. de sal de mesa
- 1 tz. de grasa vegetal (*shortening*) muy fría, en trozos de ½ pulgada de ancho
- 2 tz. de suero de leche (*buttermilk*), más si es necesario
- Miel, para servir (opcional)
- Mantequilla, para servir (opcional)

1. Coloca una parrilla en el nivel superior del horno. Precaliéntalo a 425° F.

2. Echa la harina, el polvo de hornear, la azúcar y la sal en un tazón grande. Mezcla todos los ingredientes. Añade la grasa y usa las manos o una mezcladora de pastelería para mezclarla con la harina hasta que algunos pedazos se reduzcan al tamaño de pequeños frijoles, y otros tengan dos veces ese tamaño. Si lo deseas, puedes transferir la masa a un recipiente hermético y congelarla.

3. Añade todo el suero de leche de una sola vez, y revuelve hasta que se forme una masa pegajosa. Si parece seca, agrega más suero, una cucharada a la vez.

4. Coloca la masa sobre una superficie ligeramente enharinada y amásala con las manos de 5 a 10 veces, hasta formar una pelota. Usa un rodillo enharinado para aplastar la masa hasta un grosor de ½ pulgada. Con un cortador de galletas de 2 a 2½ pulgadas de diámetro, recorta tantas galletas como salgan de esa masa. Transfiérelas a una bandeja de hornear sin engrasar, bien juntas para que quepan todas. Reúne los restos de la masa y forma una pelota (manipulando la masa lo menos posible). Aplástala con el rodillo hasta lograr un grosor de ½ pulgada y recorta tantas galletas como salgan. Colócalas en la bandeja de hornear y descarta los restos de masa sobrantes.

5. Pásalas al horno y hornéalas hasta que la parte superior de las galletas se dore, de 15 a 18 minutos. Sírvelas calientes, untadas con mantequilla y miel si lo deseas.

pan de banana

En mi casa, si las bananas maduraban demasiado, sabíamos que había pan de banana en camino. Por mi parte, esperaba con impaciencia que las bananas se pasaran. Durante muchos años preparé la receta de mi familia, hasta que un día probé el de mi amiga Teri Hatcher en el estudio de *Desperate Housewives*. Teri es nuestra repostera "extra oficial" en el estudio y su filosofía sobre el pan de banana es la siguiente: "Mientras más alcohol tenga, mejor sabe". Esta versión ofrece un sabor fantástico y la masa más suave que he probado en mi vida.

RINDE 1 HOGAZA

- 3 cdas. de mantequilla sin sal, más 8 cdas. extra
- ½ tz. de azúcar morena (no compacta)
- 3 bananas bien maduras, pisadas
- ¼ tz. de ron oscuro
- ¼ tz. de coñac
- 2 tz. de harina
- 1 cdta. de sal de mesa
- 1 cdta. de polvo de hornear
- ½ cdta. de bicarbonato de sodio
- 1 tz. de azúcar
- 2 huevos grandes batidos
- 1 cda. de crema agria o suero de leche (*buttermilk*)
- 1 tz. de nueces o pacanas (opcional)

DE LA COCINA DE TÍA ELSA

Las bananas maduran rápido. Pela las bananas pasaditas y congélalas en balsitas *zip-lock* hasta que puedas preparar el pan de banana.

1. Derrite las 3 cucharadas de mantequilla en una sartén grande a fuego medio. Añade la azúcar morena y cocina, revolviendo a menudo, hasta que se derrita completamente y adquiera la consistencia de un sirope suave, unos 10 minutos. Reduce el fuego si la azúcar se oscurece muy rápidamente, pero no te preocupes si parece formar grumos ya que se irá emparejando a medida que se cocina. Incorpora, revolviendo, las bananas, el ron y el coñac. El sirope se endurecerá y se pondrá pegajoso. Cocina de 10 a 12 minutos, hasta que la azúcar se derrita y la mezcla esté pareja. Retira del fuego y deja a enfriar.

2. Precalienta el horno a 350° F. Engrasa un molde para pan de 5 × 9 pulgadas y deja aparte. Vierte la harina, la sal, el polvo de hornear y el bicarbonato de sodio en un tazón de mezclar grande. Mezcla bien y deja aparte.

3. Vierte la azúcar y el resto de la mantequilla en el tazón de una mezcladora eléctrica, o usa una mezcladora de mano. Bate a velocidad media-alta hasta que la mezcla se ponga esponjosa y se aclare su color, unos 3 minutos. Agrega los huevos y bate hasta que se unan completamente.

4. Agrega la mezcla de harina y bate a velocidad media hasta que los ingredientes se combinen. Incorpora las bananas que habías puesto a refrescar, la crema agria (o el suero) y bate hasta que todo se una bien. Vierte ahora las nueces o pacanas (opcional). Pasa la mezcla al molde ya preparado. Hornea hasta que la masa se dore y, al insertar un palillo en el centro, éste tenga sólo unas migajas adheridas, aproximadamente 1 hora y 15 minutos. Déjalo reposar unos 5 minutos. Desmolda el pan y deja enfriar completamente.

pan de calabaza

Siempre tuvimos claro de dónde procedían nuestros alimentos. La mayoría de las veces, llegaban directamente del huerto detrás de la casa. Nuestro pan de calabaza tuvo siempre su origen en las semillas que sembrábamos, cuidábamos y cosechábamos. Mi madre nunca compró una lata de calabaza, así que sólo podíamos saborear esta receta si había un excedente de calabazas en nuestro huerto. Todo eso me hizo tomar conciencia de la tradición de las calabazas durante el otoño, que es la temporada de esta hortaliza. De hecho, el pan de calabaza es una tradición en mi casa durante Halloween. Las calabazas talladas ofrecen algo más que un simple elemento decorativo: nos brindan el ingrediente base para hornear este pan, que tiene un distintivo sabor a canela. Cuando lo saques del horno notarás que tiene un color muy oscuro por fuera, pero la masa queda bien suave y húmeda por dentro.

RINDE 2 HOGAZAS

PARA EL PURÉ DE CALABAZA (VER NOTA)

2½ tz. de masa de calabaza fresca cortada en trocitos

½ tz. de azúcar morena no compacta

PARA EL PAN

3½ tz. de harina para todo uso

3 tz. de azúcar

2 cdtas. de bicarbonato de sodio

1 cdta. de sal de mesa

2 cdas. de canela molida

1 tz. de aceite vegetal

4 huevos grandes, ligeramente batidos

1 tz. de pacanas trozadas

NOTA

Como alternativa, puedes usar 1 lata (15 oz.) de relleno de pastel de calabaza

1. Para preparar el puré, coloca la calabaza, la azúcar y la canela en una cacerola mediana. Añade ¾ de taza de agua y deja hervir. Cocina a fuego lento, tapado, durante 10 minutos, o hasta que la calabaza esté bien blanda. Retira la cacerola del fuego y deja reposar hasta que la calabaza se enfríe completamente. Escurre el exceso de agua. Transfiere la mezcla al tazón de una procesadora de alimentos o licuadora y procesa hasta hacer un puré. Deja aparte.

2. Precalienta el horno a 350° F. Engrasa dos moldes para pan de 9 × 5 pulgadas.

3. Coloca la harina, la azúcar, el bicarbonato de sodio y la canela en un tazón grande. Mezcla bien los ingredientes.

4. Vierte en otro tazón grande el puré de calabaza reservado o el relleno de pastel de calabaza, el aceite vegetal, los huevos y ½ de taza de agua. Mezcla bien los ingredientes.

5. Agrega los ingredientes líquidos a los secos y combínalos entre sí. Incorpora las pacanas. Transfiere la mezcla a los moldes engrasados y hornea hasta que la masa se dore y al pincharla con un palillo de madera, éste salga limpio, alrededor de 1 hora y 15 minutos.

6. Deja reposar los moldes sobre una rejilla unos 10 minutos. Desmolda las hogazas de pan y déjalas enfriar completamente.

pan de maíz

En Texas se da por hecho que todo el mundo necesita una buena receta de pan de maíz y aquí está la mía. Me gusta comerlo caliente recién sacado del horno y con mucha mantequilla. Te recomiendo además servirlo con Chile con carne (pág. 110).

**RINDE UNAS
8 RACIONES**

1 tz. de harina de maíz

1 tz. de harina para todo uso

2 cdtas. de polvo de hornear

½ cdta. de sal de mesa

½ tz. de azúcar

½ cda. de manteca, más para engrasar el molde

2 huevos grandes

1 tz. de leche

1 ají jalapeño, finamente cortado (opcional)

Mantequilla para servir (opcional)

1. Precalienta el horno a 400° F. Engrasa un molde de hornear cuadrado de unas 8 pulgadas y pon aparte.

2. Vierte la harina de maíz, la harina para todo uso, el polvo de hornear y la sal en un tazón mediano. Revuelve hasta que se mezclen bien.

3. En el tazón de una mezcladora de mesa con la paleta incorporada, (puedes usar un tazón grande y una mezcladora eléctrica de mano), vierte la azúcar y la manteca y bate a velocidad media hasta unirlas bien, de 2 a 3 minutos. Con una espátula, separa la masa que se pegue a los bordes del tazón.

4. Agrega los huevos y bate hasta que se combinen, limpiando los bordes del tazón. Incorpora la leche y sigue batiendo hasta que todo se una de forma pareja. Agrega ahora la mezcla de harina de maíz y revuelve para mezclar bien. Añade los trocitos de jalapeño si los vas a usar.

5. Vierte la mezcla en el molde previamente engrasado y hornea hasta que los bordes comiencen a separarse del molde y al insertar un palillo de madera en el centro de la hogaza, éste salga seco, unos 30 minutos. Deja enfriar en el molde durante 10 minutos antes de cortar el pan en cuadrados y servirlo ¡preferiblemente con mucha mantequilla!

postres

Este capítulo gira alrededor de celebraciones grandes y pequeñas, por lo que incluye desde elegantes postres de fruta y tortas en capas, rellenas y cubiertas con pulgadas y pulgadas de glaseado, hasta galletas y *brownies* muy sencillos y hogareños.

Les traigo las galletas de Pan de polvo (pág. 188), que he comido en tantas bodas y fiestas de quinceañeras. En mi familia, parte de la celebración siempre ocurre en la cocina, ya sea con los niños dando los toques finales a las Galletas con doble porción de trocitos de chocolate (pág. 192) o a las Bolas de mantequilla de maní sin hornear (pág. 185) que son divertidas y fáciles de hacer. Los *Brownies* (pág. 196) y la Torta volteada de piña de Tía Elsa (pág. 211), se preparan con tanta facilidad que puedes hacerlos en un abrir y cerrar de ojos.

En estas páginas encontrarás varias recetas que puedes preparar, en parte o en su totalidad, antes de que lleguen los invitados, lo que te permitirá disfrutar mucho más de tu fiesta o cerrar con broche de oro una cena especial sin esforzarte demasiado. Los componentes del exuberante Pastel de chocolate Mi Amorcito (pág. 197) se pueden preparar por adelantado y más tarde unirse en cuestión de minutos. Por otro lado, las elegantes Tortitas individuales de chocolate (pág. 203), las brillantes e intensas Fresas balsámicas (pág. 194) o las Peras escalfadas en arándano rojo (pág. 191) requieren solamente que las sirvas.

Te traigo además postres horneados para celebrar los frutos de una determinada temporada del año. Es mejor preparar el Pastel de fresa y ruibarbo (pág. 198) al comienzo del verano, cuando las fresas están en su apogeo. Muchos pueden pensar que la torta de zanahoria es un clásico disponible los 12 meses del año, pero para mí, la Torta de zanahoria de mamá (pág. 204) sólo se servía cuando la cosecha de zanahorias había sido abundante.

---

bolas de mantequilla de maní sin hornear

los churros de beso

pan de polvo

peras escalfadas en arándano rojo

galletas con doble porción de trocitos de chocolate

fresas balsámicas

brownies

pastel de chocolate mi amorcito

pastel de fresa y ruibarbo

torta de terciopelo rojo

tortitas individuales de chocolate

torta de zanahoria de mamá

torta en capas de manzana y especias con crema de naranja

pastel de chocolate de tía elsa

torta volteada de piña de tía elsa

bolas de mantequilla de maní sin hornear

Los orígenes de esta receta son todavía motivo de un abierto y hasta acalorado debate entre mis hermanas y yo, pero todas estamos de acuerdo en que se trata de la receta favorita de mi hermana Elizabeth, quien tiene necesidades especiales. Esta receta le permite unirse a todas nosotras en la cocina. Los maníes salados son los mejores, pero también puedes usar los maníes de cóctel o los asados en seco.

**RINDE UNAS
3 DOCENAS**

- 1 tz. de mantequilla de maní de textura suave o espesa
- ½ tz. de miel
- ½ tz. de azúcar en polvo (impalpable)
- 2 tz. de maníes salados bien picaditos

Utensilios especiales: 3 docenas de copitas de papel

1. Echa la mantequilla de maní, la miel y la azúcar en polvo en un tazón mediano. Revuelve hasta que se forme una mezcla uniforme.

2. Pon los maníes picados en un plato llano. Mójate las manos y sacude el exceso de agua. Con una cuchara, toma una porción abundante de masa y enróllala con las manos hasta formar una bolita de 1 pulgada de diámetro más o menos. Pasa la bolita por los maníes picados, dándola vuelta suavemente hasta que se recubra. Coloca la bolita dentro de una copita de papel y haz lo mismo con la masa restante. Cuando hayas formado todas las bolitas, refrigéralas hasta que se pongan firmes, más o menos 1 hora. Sírvelas.

3. Almacénalas en un recipiente hermético en el refrigerador. Se conservarán 2 semanas.

DE LA COCINA DE TÍA ELSA
Cuando estés trabajando con masas pegajosas como ésta, enjuágate las manos con agua corriente fría para evitar que la mezcla se adhiera a ellas. Hazlo varias veces mientras trabajas y sacude siempre el exceso de agua.

EVA'S HEROES
Mi hermana Elizabeth, la mayor de nosotras cuatro, nació con problemas de desarrollo, así que cuando llegamos mis otras dos hermanas y yo vinimos directamente a su mundo. No exagero cuando digo que Elizabeth es mi heroína. En honor a ella, he co-fundado una organización, Eva's Heroes, con sede en San Antonio, Texas, que se dedica a enriquecer la vida de aquellos niños y jóvenes con problemas de desarrollo, ayudándolos a integrarse y florecer en la sociedad.

los churros de beso

Los churros son, básicamente, donas a la mexicana, una versión mucho más ligera y esponjosa que la masa frita que se vende en las ferias campestres de toda la nación. Los churros que sirven en los restaurantes Beso tienen muy buena acogida, y resultan divinos si se sirven calentitos.

RINDE UNOS 20 CHURROS

- ⅓ tz. de mantequilla sin sal
- Una pizca de sal de mesa
- 1 tz. de harina para todo uso
- 3 huevos grandes
- ½ tz. de azúcar, para cubrir los churros
- 1 cda. de canela molida, para cubrir los churros
- Aceite vegetal para freír

1. Vierte la mantequilla, 1 taza de agua y la pizca de sal en una cacerola de tamaño mediano. Deja hervir a fuego medio. Agrega la harina y revuelve hasta que la mezcla se despegue de los bordes y se forme una masa homogénea, de 30 segundos a 1 minuto.

2. Transfiere la mezcla de harina al tazón de una mezcladora de mesa con la paleta incorporada. Batiendo a velocidad baja, agrega los huevos, uno a la vez, y sigue batiendo hasta que se combinen bien, unos 2 minutos.

3. Prepara una manga de repostería con boquilla grande en forma de estrella (No. 7). Colócala sobre un vaso grande con el extremo hacia abajo y ábrela. Echa un poco de masa en la manga, rellenándola hasta la mitad. Retuerce el extremo superior para empujar la masa hacia abajo y dentro de la boquilla. Deja aparte.

4. Combina la azúcar con la canela en un recipiente no muy hondo, revolviendo con un tenedor hasta que se mezclen bien. Pasa la mezcla a una bandeja o plato llano y deja aparte.

5. Forra una bandeja de hornear con toallas de papel. Vierte aceite en una sartén grande hasta que tenga 1 pulgada de profundidad. Calienta el aceite a fuego medio hasta que alcance unos 350° F.

6. Con la manga, vierte porciones de 4 pulgadas de largo directamente en el aceite. Para soltar la mezcla de la manga, roza la boquilla sobre el borde de la sartén o córtala con un cuchillo. Fríe de 3 a 4 porciones de masa a la vez, dándolas vuelta una vez, hasta que se doren, unos 4 minutos en total. Ajusta el fuego si es necesario para mantener la temperatura a 350° F. Usa unas pinzas de cocina para transferir los churros a la bandeja con toalla de papel para que se escurran. Cuando se enfríen lo suficiente como para manipularlos, pásalos por la mezcla de azúcar y canela para que éstas se adhieran por fuera. Sírvelos tibios.

pan de polvo

Cuando era niña, una vez quise repartir Pan de polvo (también conocido como galletas de boda mexicanas) entre mis maestras de la escuela como regalo de Navidad. Mi mamá me enseñó "su" receta que, en realidad, era ésta misma... ¡la de Tía Elsa!

Fui a un mercado de pulgas y gasté mis ahorros en una colección de moldes para galletas. De regreso a casa, preparé unas 15 docenas de diferentes formas. Desafortunadamente, muchas se partieron porque, para mi gran frustración, aprendí que estas galletas son muy delicadas y no mantienen bien las formas, especialmente si tienen muchos detalles. Aquellos moldes para galletas fueron mi primera inversión en utensilios de cocina, pero eran de tan mala calidad que se oxidaron en cuanto los lavé por primera vez.

Estas delicadas galletas tienen una textura tan fina que le hacen honor a su nombre. Yo las hago tan finitas, igual que Tía Elsa, que prácticamente se derriten en la boca. Pero por lo general se hacen un poco más gruesas, de alrededor de $\frac{3}{8}$ de pulgada. Si haces las tuyas más gruesas, simplemente hornéalas un ratito más.

RINDE UNAS 8 DOCENAS

- 2½ tz. de harina para todo uso
- 1 cdta. de canela molida
- 1 tz. de grasa (*shortening*)
- ¼ tz. de azúcar

PARA LA CUBIERTA DE AZÚCAR

- 1 tz. de azúcar
- 2 cdas. de canela molida

1. Echa la harina y la canela en un tazón mediano. Revuelve hasta mezclar bien. Deja aparte.

2. En el tazón de una mezcladora de mesa con paleta incorporada (puedes usar un tazón grande y una mezcladora eléctrica de mano), bate la manteca y el azúcar a velocidad media hasta que la masa quede pareja y esponjosa, unos 2 minutos. Agrega 2 cucharadas de agua y bate hasta que se mezcle bien.

3. Añade la mezcla de harina y bate a velocidad media-baja hasta que todos los ingredientes se combinen. Presiona la masa hasta formar dos discos iguales. Coloca cada disco entre dos hojas de papel encerado. Usa un rodillo para aplanar cada disco hasta que tengan ⅛ de pulgada, levantando y estirando la hoja superior de papel encerado si es necesario. Coloca los dos discos de masa en una bandeja de hornear. Pon a enfriar hasta que estén firmes, unos 30 minutos en el refrigerador o 10 minutos en el congelador.

4. Precalienta el horno a 300° F.

5. Coloca un disco de masa en la superficie de trabajo. Despega y levanta la capa superior de papel encerado. Da vuelta el disco y reserva la segunda capa de papel. Usa un molde o cortador de galletas de 1½ pulgadas para cortar la masa. Transfiere las galletas a

una bandeja de hornear sin engrasar, colocándolas a 1 pulgada de distancia. Recoge los sobrantes de masa, colócalos entre las hojas de papel encerado, pásales el rodillo y refrigera hasta que la masa se ponga firme. Repite el proceso con el segundo disco de masa.

6. Hornea hasta que las galletas se sientan firmes cuando se las toca con delicadeza, de 10 a 12 minutos. Deja enfriar durante 3 minutos en la bandeja de hornear. Con una espátula fina, transfiere las galletas a una rejilla para que se enfríen completamente.

7. Para la cubierta de azúcar, coloca la azúcar y la canela en un plato llano. Mezcla con un tenedor hasta que se combinen bien. Pasa las galletas ya frías por la mezcla y sírvelas.

8. Puedes guardarlas en un recipiente hermético a temperatura ambiente de 3 a 4 días.

peras escalfadas en arándano rojo

Mientras se cocinan lentamente, las peras despiden un delicioso aroma a fruta y vainilla, la invitación perfecta para este postre elegante. Las he servido en la cena de Acción de Gracias en sustitución de la tradicional salsa de arándano.

La bolsita de té les agrega matices que complementan o destacan la fruta en el candente líquido. Escoge el té frutal o floral que más te guste —yo uso el té verde tropical o el de sabor a granada (o granadilla).

RINDE 8 PORCIONES

- 8 peras pequeñas, peladas y con los tallos intactos
- 5 cdas. de miel
- 3 cdas. de azúcar
- 1 tira de cáscara de naranja de 4 a 5 pulgadas (usa un pelador de verduras)
- 1 tira de cáscara de limón de 4 a 5 pulgadas (usa un pelador de verduras)
- 1 cdta. de jugo fresco de limón
- 1 palito de canela de 3 pulgadas
- 1 vaina de vainilla, cortada a la mitad a lo largo
- 2¾ tz. (unas 10 oz.) de arándanos rojos frescos o congelados
- 1 bolsa de té frutal

1. Coloca las peras en una cacerola bien cerca unas de otras. Agrega suficiente agua (unas 4 tazas), para cubrirlas escasamente. Incorpora la miel, la azúcar, las cáscaras de naranja y limón, el jugo de limón y el palito de canela.

2. Usando la punta de un cuchillo de pelar, raspa las semillas de vainilla hasta sacarlas de la vaina y agrégalas a la cacerola. Incorpora también la vaina y añade la bolsa de té. Deja que el agua hierva a fuego medio-alto, revolviendo hasta que la azúcar se derrita. Reduce el calor y deja cocer a fuego bajo hasta que las peras estén tiernas (prueba pinchándolas con la punta de un cuchillo), alrededor de 10 minutos.

3. Añade los arándanos y deja cocer a fuego bajo hasta que se abran con el calor, alrededor de 3 minutos. Retira la bolsita de té y deséchala.

4. Transfiere las peras a un recipiente grande y viérteles por encima el líquido y los arándanos. Tapa el recipiente y refrigera durante toda la noche (o hasta 3 días).

5. Retira y desecha la cáscara de los cítricos, el palito de canela y la vaina de vainilla. Para servir, distribuye las peras en una fuente. Con una cuchara, échales por encima los arándanos y tanta cantidad del líquido como desees. Sírvelas.

galletas con doble porción de trocitos de chocolate

Con chocolate derretido mezclado en la masa, trozos de chocolate por todas partes, y una capa de brillante chocolate por fuera, deberían en realidad llamarse galletas con triple porción de chocolate (ver fotografía, pág. 182). A mis sobrinas y a mí nos encanta prepararlas juntas. Ellas se encargan del importante —y divertido— trabajo de bañar las galletas en el chocolate derretido y colocarlas cuidadosamente a secar sobre papel encerado.

RINDE UNAS 15 GALLETAS

- 4 oz. de chocolate semidulce de buena calidad, más 4 oz. para bañar las galletas
- 1 tz. de harina para todo uso
- ½ cdta. de polvo de hornear
- ¼ de cdta. de sal de mesa
- 1 barra (8 oz.) de mantequilla sin sal, a temperatura ambiente
- ½ tz. de azúcar granulada
- ¼ tz. de azúcar morena clara, firmemente prensada
- 1 huevo grande
- 1 cdta. de vainilla
- ¾ tz. de nueces picadas (opcional)

1. Coloca 1 onza del chocolate en un plato pequeño y caliéntalo en el horno microondas hasta que esté casi derretido, de 30 a 60 segundos, parando y revolviendo cada 10 a 15 segundos. Retira del microondas y revuelve hasta que se derrita por completo. Deja aparte.

2. Corta las 3 onzas restantes de chocolate en trocitos de ½ pulgada. Reserva.

3. Mezcla la harina, el polvo de hornear y la sal en un tazón mediano. Deja aparte.

4. Echa la mantequilla, los dos tipos de azúcar, el huevo y la vainilla en el tazón de una mezcladora eléctrica de mesa con paleta incorporada (o puedes usar un tazón grande y una mezcladora eléctrica de mano). Bate a velocidad media-alta hasta que la mezcla quede ligera y espumosa, de 2 a 3 minutos. Incorpora el chocolate derretido que habías reservado. Agrega la mezcla de harina y bate a velocidad baja hasta que los ingredientes se mezclen bien. Añade los trocitos de chocolate y las nueces (si las usas). Refrigera unos 30 minutos.

5. Precalienta el horno a 375° F. Engrasa dos bandejas de hornear.

6. Toma cucharadas colmadas de la masa y colócalas sobre las bandejas de hornear, a unas 2 pulgadas una de otra. Hornea hasta que se doren ligeramente, de 10 a 12 minutos, dando media vuelta a las bandejas en medio de la cocción para que doren de forma pareja.

7. Deja enfriar 5 minutos en las mismas bandejas. Usa una espátula fina para transferir las galletas a una rejilla hasta que se enfríen completamente.

8. Parte o corta las 4 onzas restantes de chocolate en trocitos de ½ pulgada y colócalos en una taza de medir con capacidad para 1 taza. Calienta en el horno microondas hasta que se derrita, de 1 a 2 minutos, revolviendo cada 30 segundos. Retira del microondas y revuelve hasta que se derrita por completo.

9. Forra las rejillas de enfriar o bandejas de hornear con papel encerado. Remoja cada galleta ya fría hasta la mitad en el chocolate derretido y deja escurrir el exceso. Colócalas sobre el papel encerado y déjalas reposar en un lugar fresco y seco hasta que la capa de chocolate se ponga firme. Si hay mucha humedad, pon las bandejas con las galletas en el refrigerador hasta que el chocolate se endurezca, alrededor de 30 minutos. Sirve.

10. Guarda las galletas colocadas entre capas de papel encerado en un lugar fresco y seco. Se conservarán hasta 3 días.

fresas balsámicas

Cuando les digo a mis invitados que éste es un postre, a menudo tengo que convencerlos de que se puede agregar vinagre a las frutas frescas. El resultado no sólo es aceptable sino exquisito. El vinagre balsámico con sabor a fruta es el complemento perfecto para las fresas dulces y jugosas. Haz la prueba con fresas de gran tamaño o una combinación de fresas, frambuesas y moras.

RINDE 4 PORCIONES

1 paquete (16 oz.) de fresas maduras, sin las hojas y cortadas en cuartos, o una combinación de fresas, frambuesas y moras (4 tz. aprox.)

½ tz. de vinagre balsámico oscuro con sabor a frambuesa o cereza

Crema batida

1. Coloca las frutas en un tazón mediano, y échales encima el vinagre balsámico. Ponlas en el refrigerador unos 30 minutos.

2. Utiliza una espumadera para dividir las frutas en 4 copas de champán, vertiendo en las copas tanta cantidad del vinagre como desees. Corona con una cucharada de crema batida. Sírvelas frías.

DE LA COCINA DE TÍA ELSA

Usa fresas frescas en temporada—ten en cuenta de que las fresas están realmente en temporada unas 3 semanas localmente, dependiendo de donde vivas. Las fresas poco maduras no son suficientemente dulces para balancear la acidez del vinagre.

brownies

Las mezclas compradas para preparar *brownies* son fáciles y rápidas de hacer —lo admito— pero lo que ganas en tiempo lo pierdes en sabor. Esta receta se prepara rápidamente, y con ella obtendrás unos húmedos *brownies* con un sabor a chocolate mucho más intenso y rico que el que puedas lograr con una mezcla comprada.

RINDE 20 *BROWNIES*

- 1 barra (8 cdas.) de mantequilla sin sal
- 4 oz. de chocolate agridulce, cortado en trozos gruesos
- 3 huevos grandes
- 1½ tz. de azúcar
- 1 cdta. de vainilla
- 1 tz. de harina para todo uso
- ¼ cdta. de sal de mesa
- 1 tz. de nueces o pacanas picadas (opcional)

1. Precalienta el horno a 350° F. Engrasa un molde de hornear de 9 × 12 pulgadas.

2. En una cacerola gruesa a fuego bien bajo, derrite la mantequilla y el chocolate. Pon aparte a enfriar completamente.

3. Bate los huevos en un tazón grande. Agrega la azúcar y bate hasta que se mezclen bien. Añade el chocolate y la vainilla y revuelve hasta que se combinen entre sí. Incorpora la harina, la sal y las nueces (si las usas) y revuelve hasta mezclar todo bien.

4. Vierte la mezcla en el molde engrasado y hornea hasta que al insertar un palillo de madera en el centro, éste salga con unas pocas migajas adheridas al mismo, alrededor de 25 minutos. Deja que la masa se refresque por completo. Córtala en cuadraditos y sirve.

5. Guarda el sobrante en un recipiente hermético a temperatura ambiente. Se conservarán hasta 4 días.

DE LA COCINA DE TÍA ELSA
Si usas un molde para hornear de vidrio, reduce la temperatura del horno a 325° F.

pastel de chocolate mi amorcito

Cada vez que sirvo este pastel de chocolate, cubierto de fresas chocolateadas sobre una dulce nube de crema batida aromatizada con vainilla, recibo exclamaciones de admiración de mis invitados. Por supuesto, ellos no tienen ni idea de lo fácil que resulta prepararlo.

RINDE 6 PORCIONES

- 1 corteza de pastel de 9 pulgadas, comprada
- 8 oz. de chocolate semidulce (60% de cacao)
- ⅔ tz. de sirope de maíz
- 1 tz. de crema entera
- 3 huevos grandes
- 2 cdas. de azúcar
- ½ cdta. de vainilla
- 1 pinta de fresas, sin hojas y cortadas (2 tz. aprox.)

1. Precalienta el horno a 350° F. Forra un molde de 9 pulgadas de diámetro con la corteza de pastel, empujándola suavemente hacia los bordes del molde. Pon en el refrigerador hasta que lo necesites.

2. En una cacerola gruesa, calienta 6 onzas del chocolate a fuego bajo, revolviendo constantemente hasta que se derrita. Incorpora el sirope de maíz y ½ taza de la crema. Añade los huevos, uno a la vez, batiendo bien después de cada adición.

3. Coloca el molde de pastel sobre una bandeja de hornear y vierte la mezcla de chocolate dentro del molde. Hornea hasta que al insertar un cuchillo a 1 pulgada del centro, éste salga limpio, unos 45 minutos. Deja reposar sobre una rejilla hasta que se enfríe por completo. El centro del pastel se hundirá al refrescarse.

4. Vierte la ½ taza de crema restante, la azúcar y la vainilla en un tazón mediano y bate hasta que se formen picos suaves. Con una cuchara, esparce la crema en el centro del pastel ya frío. Coloca las fresas sobre la crema.

5. Coloca las 2 onzas de chocolate restantes en un plato pequeño y calienta en el microondas hasta que se derrita, de 30 a 60 segundos, sacando y revolviendo cada 10 ó 15 segundos. Retira del microondas y revuelve hasta que el chocolate se derrita completamente. Rocía el chocolate sobre las fresas. Sirve a temperatura ambiente.

pastel de fresa y ruibarbo

No tenía idea de lo que era el ruibarbo hasta que me fui de Texas, en donde el clima es demasiado cálido para esta planta. La primera vez que escuché sobre la posibilidad de mezclar fresas con ruibarbo fue cuando Cindy Crawford compartió su receta en el programa de Oprah. Me pareció que esta planta de forma rara y sabor amargo no era un buen ingrediente para un pastel tan bueno como para anunciarlo en televisión nacional. Y decidí que tenía que probarlo por mi cuenta. Descubrí un relleno de fruta con un hermoso tono rosado (más claro o más oscuro dependiendo del color del ruibarbo que utilices) y un refrescante sabor agridulce. Por fin comprendí el porqué de la fama del ruibarbo. Así que ahora, en cuanto llega a los supermercados de mi área, empiezo a buscar fresas en temporada para preparar este postre.

RINDE 6 A 8 PORCIONES

- 16 oz. de fresas, sin las hojas y cortadas en cuartos (4 tz. aprox.)
- 1 lb. de ruibarbo, cortado en pedazos de ½ pulgada (4 tz. aprox.)
- 1 tz. de azúcar, más unas 2 cdas. para espolvorear sobre el pastel
- ⅓ tz. de harina para todo uso
- 1 cdta. de extracto de vainilla
- Cáscara rallada de 1 limón
- Jugo de 1 limón pequeño (2 cdas.)
- 2 cortezas de pastel de 9 pulgadas de diámetro, compradas
- 1 clara de huevo grande
- Crema batida, para servir

1. Coloca una de las rejillas en el centro del horno y precaliéntalo a 400° F.

2. Combina las fresas, el ruibarbo, la azúcar, la harina, el extracto de vainilla, y la cáscara y jugo de limón en un tazón grande. Deja reposar unos 10 minutos para que la fruta suelte el jugo.

3. Mientras tanto, forra un molde para tartas de 9 pulgadas de diámetro con una de las cortezas de pastel preparadas, presionándola delicadamente contra los bordes del molde.

4. Usa una espumadera para transferir la fruta al interior de la corteza de pastel.

5. Coloca la segunda corteza de pastel sobre una superficie plana. Utilizando una rueda de repostería, un cuchillo afilado o una rueda para cortar pizza, corta la corteza en tiras de ¾ de pulgada. Distribuye la mitad de las tiras sobre el pastel, situándolas a una ½ pulgada de distancia entre cada una. Ahora, distribuye las tiras restantes en dirección contraria, formando una rejilla. Para rematar, dobla los bordes de la corteza hacia arriba y sobre los extremos de las tiras de masa.

6. Para decorar los bordes: sostén el dedo índice y el pulgar de una mano contra una pequeña porción del borde externo de la masa, y con el dedo índice de la otra mano, empuja suavemente el otro lado de la masa entre el espacio del índice y el pulgar hacia afuera. Repite por todo el borde.

7. En un recipiente pequeño, bate la clara de huevo con 1 cucharada de agua. Aplica la mezcla con una brocha sobre la rejilla de masa y espolvorea con 1 o 2 cucharaditas de azúcar. Coloca el pastel en una bandeja de hornear.

8. Hornea por 10 minutos. Luego, reduce la temperatura del horno a 350° F. Hornea hasta que el pastel se dore y el relleno esté burbujeante en algunos puntos, alrededor de 55 minutos. Transfiere el pastel a una rejilla para enfriar. Sirve con crema batida.

torta de terciopelo rojo

Si has visto alguna vez la fabulosa película *Steel Magnolias*, seguramente recordarás la torta de boda con forma de armadillo gigante que parece "estar desangrándose". Hasta que vi la película, no tenía idea de que era posible reproducir mi color favorito en una torta. Salí del cine decidida a descubrir el secreto de esta torta de intenso color rojo y textura aterciopelada con un delicado sabor a chocolate escondido bajo una capa de glaseado blanco a base de queso crema y vainilla. La forma de armadillo es opcional.

RINDE 8 A 10 PORCIONES

PARA LA TORTA

- 4 cdtas. de cacao en polvo
- 2 oz. de colorante rojo
- 2 tz. de harina para tortas
- 1 cdta. de sal de mesa
- 2 cdtas. de bicarbonato de sodio
- 2 cdtas. de vinagre destilado
- 1 tz. de grasa vegetal (*shortening*), a temperatura ambiente
- 1 tz. de azúcar
- 2 huevos grandes
- 1 tz. de suero de leche (*buttermilk*)
- 2 cdtas. de vainilla
- Glaseado de queso crema (ver receta siguiente)

1. Coloca una de las rejillas del horno en el centro del mismo y precaliéntalo a 350° F. Engrasa 2 moldes para tortas de 8 pulgadas de diámetro y cubre los fondos con papel encerado.

2. Pon el polvo de cacao y el colorante en un tazón pequeño. Revuelve hasta combinar los ingredientes y deja aparte.

3. Mezcla la harina y la sal en un tazón mediano. Coloca aparte.

4. Vierte el vinagre y el bicarbonato de sodio en una taza pequeña. Revuelve para combinar y pon aparte.

5. Vierte la grasa, la azúcar y los huevos en el tazón de una mezcladora eléctrica con paleta incorporada (o puedes usar un tazón grande y una mezcladora eléctrica de mano). Bate a velocidad media-alta hasta que los ingredientes se mezclen bien, de 2 a 3 minutos, despegando la mezcla que se adhiera a los bordes del tazón de vez en cuando. Agrega la mezcla de cacao y bate a velocidad media hasta que todo se combine bien. Incorpora ⅓ de la mezcla de harina y agrega ½ taza del suero de leche. Sigue con otro ⅓ de la mezcla de harina, y la segunda mitad del suero de leche. Termina con el último ⅓ de la mezcla de harina. Añade ahora la vainilla y bate a velocidad media hasta que todo se una. Incorpora la mezcla de vinagre y bicarbonato de sodio. Revuelve con una espátula de goma para incorporarlos a la mezcla, raspando suavemente los bordes del tazón para que la mezcla quede pareja.

6. Vierte la masa dentro de los moldes. Hornea hasta que los bordes se despeguen del molde y la masa vuelva a su posición original al presionarla ligeramente en el centro, alrededor de 30 minutos.

(la receta continúa)

7. Deja enfriar durante 10 minutos. Pasa un cuchillo bien fino entre las tortas y los bordes de los moldes para despegarlas y desmóldalas hacia abajo. Retira el papel encerado. Dalas vuelta y déjalas enfriar con la parte superior hacia arriba. Si no vas a armar la torta de inmediato, cubre las dos capas recién horneadas con papel plástico y guárdalas a temperatura ambiente hasta 1 día.

8. Cuando estés lista para rellenar y glasear la torta, utiliza un cuchillo serrado para retirar delicadamente la parte superior redondeada de cada capa. Rellena la torta con una capa de glaseado de queso crema y cubre con el mismo glaseado. Si dispones de suficiente tiempo, aplica la "capa protectora" (ver "De la cocina de Tía Elsa").

9. Puedes guardar la torta en un recipiente tapado a temperatura ambiente hasta 2 días.

DE LA COCINA DE TÍA ELSA

Si te queda tiempo después de rellenar y unir las capas de la torta, puedes cubrir los lados y la parte de arriba con una "capa protectora" para evitar que el glaseado se mezcle con las migas de la masa, y estropeen el terminado de la torta. Para aplicar la capa protectora, coloca una pequeña cantidad de glaseado en un plato pequeño. Con una espátula, cubre con el glaseado los costados y la parte superior de la torta. Refrigera hasta que se ponga firme, de 20 a 30 minutos. Retira del refrigerador y aplica la cobertura de glaseado final.

---

glaseado de queso crema

No puedo —ni quiero— imaginarme la Torta de terciopelo rojo (pág. 201), o la Torta de Zanahoria de Mamá (pág. 204), sin este rico glaseado. La receta rinde una generosa cantidad ya que, en mi opinión, mientras más glaseado tenga la torta, mejor. Así que úsalo generosamente como relleno o como cubierta. Podrás probar una o dos cucharadas mientras trabajas.

RINDE 5½ TAZAS

- 16 oz. de queso crema, a temperatura ambiente
- 2 barritas (½ lb.) de mantequilla sin sal, a temperatura ambiente
- 1 lb. de azúcar en polvo, cernida
- 2 a 3 cdtas. de vainilla (opcional)

En el tazón de una mezcladora eléctrica de mesa con la paleta incorporada (o puedes usar un tazón grande y una mezcladora eléctrica de mano), bate el queso crema y la mantequilla hasta formar una mezcla esponjosa. Agrega la azúcar, 1 taza a la vez, batiendo después de cada adición. Incorpora la vainilla (si la usas), y bate hasta que la mezcla quede pareja, de 3 a 5 minutos. Usa de inmediato o refrigera en un recipiente hermético. Se conservará hasta 3 días. Antes de usarlo, deja reposar a temperatura ambiente hasta que se pueda esparcir con facilidad.

tortitas individuales de chocolate

Estas tortitas de chocolate derretido provienen de mi clase de ArtBites "Cenando en el Imperio Azteca", en la que aprendí que el chocolate es oriundo de México y que durante siglos los nobles y sacerdotes lo usaron para preparar una bebida sin endulzar.

RINDE 6 PORCIONES

- 6 cdas. de mantequilla sin sal, más unas 2 cdas. de mantequilla derretida para los moldes
- 4 cdas. de azúcar, más para los moldes
- 12 oz. de chocolate agridulce, cortado en trozos
- 4 yemas de huevos grandes
- 2 claras de huevos grandes
- 6 ramitas de menta fresca, para decorar
- Helado de vainilla, para servir

1. Precalienta el horno a 400° F. Con una brochita de cocina, engrasa unos 6 moldecitos redondos (ramequines) de unas 4 onzas de capacidad con la mantequilla derretida. Espolvorea el fondo de los moldecitos con azúcar y sacude el exceso. Coloca los moldecitos en una bandeja de hornear con borde y refrigéralos.

2. En la parte superior de una cacerola para baño de María, o en su lugar, un tazón de acero inoxidable colocado sobre una cacerola de agua hirviendo (el fondo del tazón no debe tocar el agua), echa 6 cucharadas de mantequilla y de chocolate. Calienta hasta que se derritan. Deja que se enfríen ligeramente.

3. Vierte 2 cucharadas de azúcar y las yemas de huevo en un tazón grande. Mezcla bien. Incorpora la mezcla de chocolate a las yemas de huevo y revuelve bien.

4. En el tazón de una mezcladora eléctrica de mesa (o puedes usar una mezcladora eléctrica de mano), bate las claras de huevo a velocidad media hasta que estén espumosas. Aumenta gradualmente la velocidad hasta que se formen picos suaves cuando retires la mezcladora del tazón. Espolvorea las 2 cucharadas de azúcar restantes y bate hasta que el merengue quede brillante.

5. Incorpora aproximadamente ¼ de las claras de huevo a la mezcla de chocolate y luego agrega el resto de las claras de huevo. No mezcles en exceso, no importa que se vean rastros de la clara en la masa.

6. Vierte la masa en los moldecitos preparados, llenándolos hasta la mitad. Hornea hasta que las tortas crezcan y se cuartee la parte superior, pero tengan el interior jugoso, de 10 a 12 minutos.

7. Deja enfriar ligeramente y desmolda las tortitas en platos de postre. Decora con las hojas de menta y sírvelas tibias con helado de vainilla.

torta de zanahoria de mamá

Las zanahorias que cultivábamos en nuestro huerto eran tan dulces y deliciosas que a menudo las arrancábamos de la tierra y las comíamos ahí mismo. Una cosecha abundante era señal de que mamá hornearía esta torta divina por lo que rezábamos para que hubiera una buena cosecha.

RINDE 8 A 10 PORCIONES

2 tz. de harina para todo uso

1 cdta. de canela molida

2 cdtas. de polvo de hornear

1 cdta. de bicarbonato de sodio

1 cdta. de sal de mesa

1½ tz. de aceite vegetal

2 tz. de azúcar

4 huevos grandes, ligeramente batidos

3 tz. de zanahorias peladas y ralladas de forma gruesa (6 zanahorias medianas aprox.)

Glaseado de queso crema (pág. 202)

1 tz. de pacanas picadas, para decorar

1. Precalienta el horno a 350° F. Engrasa y enharina dos moldes para tortas de 8 pulgadas de diámetro.

2. En un tazón mediano, cierne tres veces la harina, la canela, el polvo de hornear, el bicarbonato de sodio y la sal. Deja aparte.

3. En el tazón de una mezcladora eléctrica de mesa con paleta incorporada (o puedes usar un tazón grande y una mezcladora eléctrica de mano), bate el aceite y la azúcar hasta que se mezclen bien. Incorpora los huevos y bate hasta que se integren. Añade la mezcla de harina y mezcla sólo hasta combinar. Agrega las zanahorias en pequeñas cantidades, batiendo suavemente después de cada adición.

4. Vierte la mezcla en los moldes y hornea hasta que las tortas se doren ligeramente por encima, y al insertar un palillo de madera en el centro, éste salga limpio, unos 45 minutos.

5. Deja enfriar las tortas dentro de los moldes unos 5 minutos. Para despegarlas, pasa un cuchillo delgado entre las tortas y los bordes de los moldes, y voltéalas sobre una rejilla. Luego dalas vuelta y déjalas reposar con el lado superior hacia arriba. Si no vas a armar la torta de inmediato, cubre las dos capas recién horneadas con papel plástico y guárdalas a temperatura ambiente durante 1 día.

6. Cuando vayas a rellenar y glasear la torta, empareja cuidadosamente la parte superior de las capas con un cuchillo serrado. Rellena con el glaseado de queso crema. Si tienes tiempo, aplica la capa protectora (pág. 202). Por último, cubre con el glaseado los costados y la parte superior de la torta. Decora con las pacanas.

7. Guarda en un recipiente tapado a temperatura ambiente. Se conservará hasta 2 días.

torta en capas de manzana y especias con crema de naranja

Descubrí esta receta en uno de los libros de cocina de mi tía, tan antiguo que ya era antiguo cuando mi tía era niña. Resulta ideal para celebrar cualquier evento en el otoño —o para celebrar precisamente la llegada de esa temporada. Las capas de la torta, aromatizadas con especias y nueces, esconden un relleno de queso crema con sabor a naranja y se están cubiertas por un suave glaseado de crema, también con sabor a naranja.

RINDE DE 8 A 10 PORCIONES

PARA LA TORTA

2½ tz. de harina para todo uso

1½ cdta. de especia para pastel de calabaza (*pumpkin pie spice*)

1 cdta. de polvo de hornear

1 cdta. de bicarbonato de sodio

1 cdta. de sal de mesa

1 barra (8 cdas.) de mantequilla sin sal, a temperatura ambiente

1¾ tz. de azúcar

3 huevos grandes

2 tz. de manzanas peladas, sin el corazón y ralladas (unas 2 manzanas grandes)

1 cdta. de vainilla

½ tz. de leche

1 tz. de nueces (*walnuts*) picadas

1. Precalienta el horno a 350° F. Engrasa el fondo de 3 moldes de 8 pulgadas de diámetro para hornear las capas de la torta. Forra los moldes con papel encerado o papel pergamino y engrasa el papel.

2. En un tazón grande, cierne la harina, la especia para pastel de calabaza, el polvo de hornear, el bicarbonato de sodio y la sal. Une y deja aparte.

3. En el recipiente de una mezcladora de mesa con paleta incorporada (o puedes usar un tazón de mezclar grande y una mezcladora eléctrica de mano), bate la mantequilla y la azúcar hasta que se forme una mezcla esponjosa. Incorpora los huevos, uno a la vez, batiendo después de cada adición hasta que la mezcla se esponje. Agrega las manzanas y la vainilla.

4. Añade ⅓ de la mezcla de harina, ¼ taza de leche, seguidos de otro ⅓ de harina y el resto de la leche. Termina con el último ⅓ de la harina, revolviendo bien después de cada adición. Incorpora las nueces.

5. Vierte la mezcla en los moldes. Hornea hasta que el centro de la masa rebote al presionarla ligeramente con los dedos, unos 35 minutos. Deja reposar las capas de la torta en los moldes unos 5 minutos. Para despegarlos, pasa un cuchillo entre la masa y los bordes del molde y voltea los moldes sobre una rejilla. Retira el papel encerado. Deja que se enfríen con la parte superior hacia arriba. Si no vas a armar la torta de inmediato, forra las capas con papel plástico. Se conservarán a temperatura ambiente durante 1 día.

1 barra (8 cdas.) de
mantequilla sin sal, a
temperatura ambiente

1½ lb. de azúcar en polvo,
cernida

¼ tz. de jugo fresco de
naranja

4 cdas. de cáscara de
naranja rallada

1 cdta. de vainilla

Una pizca de sal de
mesa

1 paquete (8 oz.) de
queso crema, a
temperatura ambiente

1 manzana, cortada en
rebanadas finitas, para
decorar (opcional)

1 tz. de nueces
(*walnuts*) picadas, para
decorar (opcional)

6. Mientras tanto, prepara el glaseado de crema de naranja. En el tazón de una mezcladora de mesa con la paleta incorporada (o puedes usar un tazón y una mezcladora eléctrica de mano), bate la mantequilla hasta que se suavice. Agrega la azúcar en 3 partes, alternando con las 2 partes del jugo de naranja, batiendo constantemente hasta que la mezcla quede cremosa y pareja. Incorpora 3 cucharaditas de la cáscara de naranja, junto con la vainilla y la sal. Deja aparte.

7. Para preparar el relleno, en un tazón pequeño suaviza el queso crema con un tenedor. Agrega ½ taza de la mezcla de naranja y la cucharadita restante de la cáscara de naranja y revuelve hasta mezclar bien.

8. Antes de rellenar y glasear la torta, toma un cuchillo serrado y corta con cuidado la parte superior redondeada de cada capa. Luego coloca una de las capas sobre una bandeja de servir. Vierte encima la mitad del relleno y espárcelo de forma pareja con una espátula. Coloca encima la segunda capa y vierte sobre ésta el resto del relleno, esparciéndolo con la espátula. Termina con la capa final de la torta.

9. Cubre los lados y la parte superior de la torta con el glaseado, comenzando por la capa protectora (pág. 202). Si lo deseas, decora los lados con los trocitos de nuez. Justo antes de servir, coloca por encima las ruedas de manzana.

10. Guarda la torta en un recipiente tapado a temperatura ambiente. Se conservará hasta 2 días.

pastel de chocolate de tía elsa

Esta torta tiene todo lo que puedes esperar de una buena torta de chocolate. Se prepara con facilidad y adquiere en el horno una deliciosa textura crujiente y un fabuloso sabor a chocolate. El glaseado se bate hasta formar ondulantes nubes de chocolate que se esparce como una seda.

RINDE 8 A 10 PORCIONES. EL GLASEADO RINDE 4½ A 5 TAZAS

PARA LA TORTA

- 3 oz. de chocolate amargo, cortado en trozos
- 2½ tz. de harina para tortas, más para los moldes
- 2 cdtas. de bicarbonato de sodio
- ½ cdta. de sal de mesa
- 1 barra (8 oz.) de mantequilla sin sal, a temperatura ambiente
- 2½ tz. de azúcar morena clara, no compacta
- 3 huevos grandes
- 2 cdtas. de vainilla
- ½ tz. de suero de leche (*buttermilk*)
- 1 tz. de agua hirviendo

PARA EL GLASEADO

- 4 oz. de chocolate amargo, cortado en trozos grandes
- 4 tz. (1 lb.) de azúcar en polvo, cernida
- 1 huevo grande
- 1 barra (8 oz.) de mantequilla sin sal
- 1 cdta. de vainilla

1. Derrite el chocolate en la parte superior de una cacerola para baño de María, o en un recipiente de acero inoxidable sobre una cacerola con agua hirviendo (el fondo no debe tocar el agua). Déjalo enfriar.

2. Precalienta el horno a 350° F. Engrasa y enharina tres moldes para torta de 8 pulgadas de diámetro.

3. En un recipiente grande, cierne la harina con el bicarbonato de sodio y la sal. Deja aparte.

4. Coloca la mantequilla, la azúcar morena, los huevos y la vainilla en el tazón de una mezcladora eléctrica de mano con paleta incorporada (o puedes usar un tazón grande y una mezcladora eléctrica de mano). Bate a velocidad alta hasta que el color se aclare, unos 3 minutos, despegando la masa de los bordes del tazón de vez en cuando.

5. Reduce la velocidad a nivel bajo y bate el chocolate. Incorpora ⅓ de la mezcla de harina por vez, alternándola con el suero de leche dividido en dos partes. Comienza y termina con la harina. Agrega el agua hirviendo y bate bien.

6. Vierte la mezcla dentro de los moldes preparados y pon a hornear hasta que al insertar un palillo de madera en el centro de la masa, éste salga limpio, de 30 a 35 minutos.

7. Deja que las capas para la torta se enfríen dentro de los moldes unos 5 minutos. Para despegarlas, pasa un cuchillo delgado entre la masa y los bordes de los moldes. Desmóldalas sobre rejillas y déjalas refrescar con la parte superior hacia arriba. Si no vas a armar la torta de inmediato, cubre las capas con papel plástico y guárdalas a temperatura ambiente. Se conservarán 1 día.

(la receta continúa)

8. Mientras tanto, prepara el glaseado. En la parte superior de una cacerola para baño de María, o en un recipiente de acero inoxidable colocado sobre una olla con agua hirviendo (el fondo del recipiente no debe tocar el agua), derrite el chocolate. Coloca aparte a enfriar.

9. En el tazón de una mezcladora eléctrica de mesa con paleta incorporada (o puedes usar un tazón grande y una mezcladora eléctrica de mano), vierte el chocolate derretido y ya frío, la azúcar y ½ taza de agua caliente. Bate a velocidad media hasta que la mezcla quede pareja. Incorpora el huevo, la mantequilla y la vainilla. Sigue batiendo hasta que el glaseado se espese y se acumule firmemente sobre una chuchara, de 2 a 3 minutos.

10. Para armar la torta, empareja cuidadosamente la parte superior redondeada de las capas con un cuchillo serrado. Coloca el relleno entre las capas y luego cubre con el glaseado. Si dispones de tiempo, aplica la capa protectora (pág. 202).

11. Guarda en un recipiente hermético en el refrigerador. Se conservará hasta 2 días. Deja reposar a temperatura ambiente unos 30 minutos antes de servir.

DE LA COCINA DE TÍA ELSA

Si los porcentajes de cacao que a veces se encuentran en las barras de chocolate te confunden, basta saber sólo esto: se refieren al porcentaje de cacao sólido y manteca de cacao en el chocolate. Esto varía de una marca a otra, pero por lo general el chocolate semidulce contiene aproximadamente 50% de cacao y el agridulce contiene entre 60% a 70%. Siempre utiliza chocolate de buena calidad en tus postres de chocolate —¡casi siempre determinará el resultado!

torta volteada de piña de tía elsa

Para este postre clásico que nunca me ha decepcionado, la suave torta amarilla se recubre con una deliciosa capa de piña caramelizada. Y como siempre tengo los ingredientes en mi despensa, puedo prepararla enseguida cada vez que necesito un postre delicioso y alegre. La torta queda más suave si usas harina de repostería y la sirves el mismo día que la horneas. Si empleas harina para todo uso tendrá una textura más firme, como la de una panetela.

RINDE 8 PORCIONES

- ⅔ tz. de mantequilla sin sal, a temperatura ambiente
- ½ tz. de azúcar morena, no compacta
- 7 ruedas de piña
- 7 cerezas marrasquino, escurridas, o más si es necesario (opcional)
- 1½ tz. de harina para tortas, o harina para todo uso
- 1 tz. de azúcar
- 2 cdtas. de polvo de hornear
- ½ cdta. de sal de mesa
- ⅔ tz. de leche
- 1 cdta. de vainilla
- 1 huevo grande

1. Precalienta el horno a 350° F. En un molde resistente al fuego de 9 pulgadas de diámetro, derrite ⅓ de taza de la mantequilla a fuego bajo. Espolvorea la azúcar morena de forma pareja sobre la mantequilla y cocina, revolviendo hasta que la azúcar y la mantequilla se mezclen completamente.

2. Distribuye las ruedas de piña sobre el caramelo. Si lo deseas, coloca las cerezas en el centro de cada rueda. Deja el molde aparte.

3. En el tazón de una mezcladora eléctrica de mesa con paleta incorporada (o puedes usar un tazón grande y una mezcladora eléctrica de mano), echa la harina, la azúcar, el polvo de hornear y la sal, y mezcla a velocidad baja hasta que todo se mezcle bien. Añade el ⅓ de taza de mantequilla restante junto con la leche y la vainilla. Bate a velocidad media unos 2 minutos. Raspa la masa adherida a los bordes del molde con una espátula. Incorpora el huevo y bate a velocidad media otros 2 minutos. Vierte la mezcla sobre la piña.

4. Hornea hasta que la torta se dore y al insertar un palillo de madera en el centro, éste salga limpio, de 40 a 50 minutos. Retira del horno y con cuidado inclina el molde en todas las direcciones para desprender la torta de los bordes. Deja enfriar unos 3 minutos. Voltea el molde sobre una fuente de servir y deja reposar durante 2 ó 3 minutos. Retira el molde cuidadosamente. Usa una espátula para desprender la fruta que se haya quedado adherida al molde y colócala sobre la torta. Puedes servirla tibia o a temperatura ambiente.

bebidas

Las bebidas que preparo cumplen un importante propósito: saciar la sed causada por el calor de Texas. Muchas de estas refrescantes combinaciones hacen buen uso de las frutas y de las hierbas aromáticas que crecían en mi entorno cuando era niña: limones, limas, menta y fresas. La gran excepción es la sidra de manzana caliente, mi bebida favorita durante la Navidad. El intenso aroma a canela y manzana sirve tanto para alimentar el espíritu como para calentar el cuerpo.

jugo de lima
daiquiri de fresa
limonada con menta
té dulce soleado
té helado long island
sidra de manzana caliente

jugo de lima

Las limas que sembrábamos en Texas eran casi un híbrido entre lima y limón y las usábamos para preparar refrescos. Con los años, me di cuenta de que otras personas usaban limones en lugar de limas. Esta es la receta con la que me crié, y funciona perfectamente si usas limas compradas en el supermercado. Utiliza siempre agua a temperatura ambiente para que la azúcar se disuelva mejor.

RINDE UNAS 7½ TAZAS; DE 4 A 6 PORCIONES

Jugo de 8 limas
(1 tz. aprox.)

½ tz. de azúcar, o al gusto

Hielo para servir

1. En una jarra grande, echa 6 tazas de agua a temperatura ambiente junto con el jugo de las limas y la azúcar. Revuelve hasta que la azúcar se disuelva, de 1 a 2 minutos.

2. Refrigera durante 1 hora. Sirve con hielo.

daiquiri de fresa

Cuando éramos niñas, nos sentíamos muy importantes saboreando daiquiris de fresa sin alcohol servidos en vasos bien decorativos. Todavía los disfruto sin el ron, pero cuando les añado alcohol, escojo un ron con sabor a fruta para darles un toque tropical.

RINDE 3½ TAZAS; 2 A 3 PORCIONES

3 oz. de fresas congeladas

½ banana

1 lata (6 oz.) de limonada congelada

Ron con sabor a coco, banana o piña (opcional)

2 cdas. de azúcar en polvo

12 (3½ tz.) cubitos de hielo

Hasta ¼ tz. de jugo fresco de naranja, o al gusto

1. Echa las fresas, la banana y la limonada congelada en el tazón de una licuadora. Llena la lata vacía de la limonada hasta la mitad con el ron de tu preferencia. Vierte el ron en la licuadora con la azúcar y los cubitos de hielo. Licúa bien. Si la mezcla queda muy espesa, agrega un poco de jugo de naranja. Si la prefieres más espesa, añade más cubitos de hielo.

2. Divide la mezcla en 2 ó 3 vasos y sirve.

limonada con menta

Cuando era niña, teníamos limoneros y plantas de menta en el rancho en el que vivíamos. No recuerdo la primera vez que los probé juntos, pero desde entonces no concibo la limonada sin menta. Es una bebida festiva, ideal para los chicos y los adultos que no consumen alcohol. Pero por supuesto, puedes experimentar con un poco de ron o de vodka y convertir la limonada en todo un cóctel.

RINDE 3 TAZAS; UNAS 4 PORCIONES

PARA LA LIMONADA

- ½ tz. de azúcar
- ¼ tz. de agua caliente
- ½ tz. de jugo fresco de limón (de 4 limones)

PARA LA LIMONADA CON MENTA (2 PORCIONES)

- Unos 12 cubitos de hielo (unas 3½ tz.)
- 1½ tz. de limonada, más si es necesario
- 6 a 7 ramitas de menta fresca, más si es necesario

1. Para preparar la limonada, vierte la azúcar y el agua caliente en un recipiente con capacidad para unos 2 cuartos de galón. Tapa bien y bate hasta que la azúcar se disuelva. Incorpora el jugo de limón y suficiente agua fría como para tener un equivalente a 3 tazas de líquido. Agita el recipiente hasta que los ingredientes se mezclen bien.

2. Para obtener 2 porciones de limonada con menta, echa hielo en el tazón de la licuadora (hasta la mitad más o menos). Vierte encima la limonada. Agrega las hojas de menta. Licúa hasta que los ingredientes se mezclen bien y la mezcla quede espesa. Si te queda un poco líquida, agrega un poco más de hielo. Si resulta demasiado espesa, añade un poco más de limonada.

3. Vierte la limonada en vasos de 12 onzas. Decora cada vaso con hojitas de menta y sirve inmediatamente.

DE LA COCINA DE TÍA ELSA

Los cítricos como las naranjas, limas y limones deben almacenarse a temperatura ambiente ya que es más difícil extraerles el jugo cuando se refrigeran y están frías.

té dulce soleado

Cuando los sureños ofrecemos un vaso de té dulce, ¡el té es dulce de verdad! No hay receta mejor que ésta: la infusión se prepara al calor del sol y lleva azúcar suficiente como para alegrarle la vida a cualquiera. Asegúrate de añadir la azúcar después de retirar el té del sol para que se disuelva completamente. Una vez mezclado, guarda el té en el refrigerador y descártalo si empieza a perder el color.

**RINDE 8 TAZAS;
6 A 8 PORCIONES**

8 bolsitas de té negro con cafeína

8 tz. de agua filtrada

¼ a ½ tz. de azúcar

¼ a ½ tz. de miel

1 limón, cortado en rodajitas

Hielo para servir

1. Lava una jarra de vidrio transparente con agua caliente y jabón. Enjuágala y sécala completamente. Vierte las bolsitas de té en la jarra y agrega el agua filtrada. Coloca la jarra bajo el sol hasta que el agua adquiera un color oscuro, de 1 a 2 horas. Retira las bolsitas de té del líquido y descártalas.

2. Añade ¼ de taza de miel y ¼ de taza de azúcar y revuelve hasta que se disuelvan completamente. Prueba y sigue agregando miel y azúcar hasta que el té alcance el dulzor deseado.

3. Agrega las rodajitas de limón y sirve sobre hielo. Si no lo sirves de inmediato, conserva en el refrigerador de 1 a 2 días.

DE LA COCINA DE TÍA ELSA

En lugar de exprimir el jugo de limón directamente sobre el té, pon rodajitas de limón a flotar sobre el mismo. El jugo de limón cambia el nivel de acidez de la bebida, alterando su sabor. Pero una vez que sirvas el té frío, las personas pueden agregarle limón al gusto.

té helado long island

Tradicionalmente, el Té helado Long Island se prepara con licores claros y un chorrito de cola para darle color a té. En su lugar, mi versión se basa en un fabuloso vodka de té dulce, que me regaló mi amiga Virginia de Alabama, y proviene de una destilería llamada Firefly.

RINDE 2 PORCIONES

- 2 cdas. de tequila plateado
- 2 cdas. de vodka infundido con té dulce
- 2 cdas. de ron claro
- 2 cdas. de triple seco
- 2 cdas. de ginebra
- Jugo de 3 limones pequeños (6 cucharadas ó 3 oz. aprox.)
- 2 cdtas. de azúcar
- ½ a ¾ tz. (4 a 6 oz.) de jugo de arándano rojo
- 2 gajos de limón, para decorar
- Hielo

1. Llena una coctelera con hielo hasta la mitad y vierte en ella el tequila, el vodka, el ron, el triple seco, la ginebra, el jugo de limón y la azúcar. Bate unos 20 segundos hasta que el exterior del recipiente se sienta bien frío. Llena dos vasos grandes con hielo hasta ⅔ de su capacidad, y luego vierte la mezcla sobre el hielo.

2. Vierte un poco de jugo de arándano rojo para darle el color del té helado. Decora los vasos con los gajos de limón y sirve.

sidra de manzana caliente

RINDE 8 TAZAS; UNAS 6 PORCIONES

- ½ galón de sidra de manzana
- 2 palitos de canela de 3 pulgadas, más para servir
- 6 clavos de olor enteros
- 6 frutitas de pimienta de Jamaica (*allspice*)
- 1 cdta. de nuez moscada rallada

Esta bebida es una de mis favoritas durante la Navidad, perfecta tanto para una gran fiesta entre amigos como durante una sencilla velada en casa. A veces la preparo simplemente porque su delicioso aroma a especias y manzanas invade la casa y me hace feliz.

1. En una olla eléctrica de cocción lenta, vierte la sidra de manzana, la canela, los clavos de olor, la pimienta de Jamaica y la nuez moscada. Pon a cocer en el nivel más bajo hasta que los ingredientes se calienten, alrededor de 30 minutos.

2. Sirve caliente en tazas; decora cada una con un palito de canela.

recursos

EATWILD

P.O. Box 7321
Tacoma, WA 98417
866-453-8489
www.eatwild.com

Para encontrar granjas en
tu área con carne de reses
alimentadas con pasto.

ENVIRONMENTAL
WORKING GROUP

1436 U Street NW, Suite 100
Washington, DC 20009
202-667-6982
www.ewg.org

Para averiguar cuáles son las
frutas y vegetales que tienen
más y menos pesticidas.

EVA'S HEROES

11107 Wurzbach Road,
Suite 203
San Antonio, TX 78230
210-694-9090
www.evasheroes.org

Una organización sin fines
de lucro dedicada a ayudar
a niños y a jóvenes de entre
14 y 21 años con problemas
de desarrollo a integrarse y
florecer en la sociedad.

LOCALHARVEST

P.O. Box 1292
Santa Cruz, CA 95061
831-515-5602
www.localharvest.org

Para buscar mercados locales
de productos agrícolas y
tiendas donde se pueden
encontrar frutas, verduras,
aves, carnes y huevos sus-
tentables y orgánicos.

MONTEREY BAY
AQUARIUM'S SEAFOOD
WATCH PROGRAM

886 Cannery Row
Monterey, CA 93940
831-648-4888
www.seafoodwatch.org

Para obtener una lista
actualizada de los pescados
y moluscos que son "mejores
opciones" y "buenas
alternativas", y cuáles
deberías evitar.

agradecimientos

Cuando Jennifer Gates me preguntó si quería escribir un libro de cocina, enseguida me sentí inspirada y entusiasmada. Pero pronto me di cuenta de que nunca había anotado mis recetas. Las tenía a todas en la cabeza: "Una pizca de esto, una pizca de aquello". Quiero agradecer a Jennifer por haberme puesto en las buenas manos de Emily Takoudes de Clarkson Potter, quien escuchó mis ideas con paciencia. Emily luego me puso en contacto con un ángel llamado Marah Stets, quien pudo meterse en mi cabeza y sacar todas las recetas que estaban allí atrapadas desde hacía más de veinte años. Marah y yo tenemos ahora un vínculo que atesoraré toda mi vida. Gracias, Marah, por tu incomparable ética laboral y tu increíble talento como escritora. Le diste vida a este libro que dormía en mi mente.

Luego llegó el momento de fotografiar la comida y no se nos ocurrió otra persona mejor para esto que Ben Fink. Gracias, Ben, por hacer que mis simples tacos se vean como una obra de arte. Eres un genio. Y un agradecimiento especial a Randall Slavin, quien captó el espíritu de cocinar junto a mi familia y amigos en algunas de las hermosas fotos de este libro. Tu energía se puede apreciar en cada una de estas imágenes. Agradezco también a la directora de arte de Potter, Jane Treuhaft, por su gran ojo artístico, que hizo que este libro salte de los estantes. Gracias, Jennifer Davis, por diseñar este libro tan bonito.

Este proyecto no hubiera sido posible sin la ayuda de mi familia, cuyo amor y apoyo me han guiado a través de la vida. Gracias, mamá, por ayudarme a descubrir la cocina desde la perspectiva mexicana-americana. Si soy una fracción de la mujer que eres tú, me siento realizada. Gracias, papá, por enseñarme que todos los alimentos merecen nuestro respeto y son mejores servidos en su estado más natural. Agradezco también a mis tres queridas hermanas, Liza, Emily y Esmeralda, por haberme dejado ser la niña malcriada de la familia; ustedes me han ayudado a ser la mujer que soy hoy. Las adoro. Y a mis hermanas del alma, Bonnie, Brittany, Alina, María, Virginia, Sandra, Christiane, y Mónica, gracias por ser mis conejillos de indias en la cocina. Mis recuerdos preferidos incluyen estar en la cocina bebiendo y hablando de la vida; les agradezco de corazón por haber sido mi audiencia.

Por último, quiero mencionar también a mi mayor inspiración, Tía Elsa, quien enseñó a toda mi familia el arte de la cocina y cómo crear un hogar en cualquier lugar del mundo. Te extraño todos los días.

índice

Nota: Los números en *itálicas* se refieren a fotografías